Endlich Zeit für Venetien

S

Für meinen Mann Adriano
und meinen Sohn Samuele

Prato della Valle in der Stadt Padua

Beate Giacovelli

Endlich Zeit für Venetien

Langsam reisen zwischen Dolomiten und Venedig

Styria Verlag

Inhalt

Garda, einer meiner Lieblingsorte am Lago

Ohne Zeitdruck durch Venetien zu reisen und viele neue Eindrücke zu gewinnen, ist einfach herrlich.

Labyrinth im Giardino di Valsanzibio (siehe S. 83)

Flamingos im Po-Delta (Isola di Albarella)

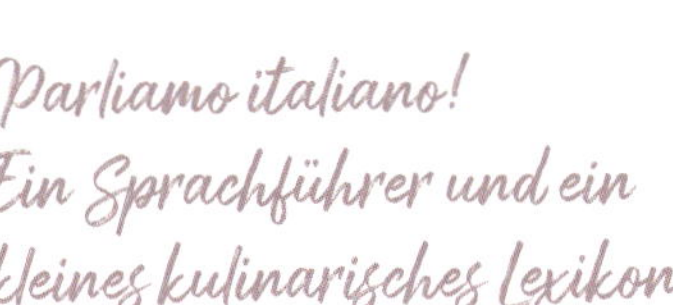
Parliamo italiano!
Ein Sprachführer und ein
kleines kulinarisches Lexikon

Atemberaubend schön: die Landschaft entlang der Strada del Prosecco

Traumhafte Ausblicke: die Villa Contarini in Piazzola sul Brenta (siehe S. 79)

Kommen Sie mit?

Venedig, die Hauptstadt der norditalienischen Region Venetien, ist seit jeher ein Sehnsuchtsort. Jeder will einmal das Flair der auf Eichenstämmen ruhenden Stadt im Wasser erleben, über die Piazza San Marco flanieren, den Dogenpalast besuchen, unter dem Campanile stehen, in eleganten Läden einkaufen oder in einem Café sitzend den Gondolieri zusehen. Doch Venedig ist nicht Venetien. Ich möchte Sie auf eine Reise in die umliegende Region mitnehmen, ins Hinterland der Lagunenstadt, wo von den schroffen Belluneser Dolomitengipfeln zu den Stränden der Adria, vom Gardasee bis hin zum Po-Delta spektakuläre Sehenswürdigkeiten, aber auch kleine, verborgene Schönheiten auf ihre Entdeckung warten.

Über ein Jahr lang war ich im Veneto unterwegs, der Nachbarregion meiner lombardischen Wahlheimatstadt Bergamo. Mit dem Auto, Rad oder Boot habe ich Lieblingsorte besucht und Geschichten gesammelt, die mir besonders am Herzen liegen. Haben Sie schon einmal an schwerem, tiefrotem Amarone genippt, den Italiener vino da meditazione nennen, weil der Wein sowohl beim Reifen als auch beim Genießen in geselliger Runde viel Zeit braucht? Wissen Sie, wo mit Menschen in historischen Kostümen und echten Pferden Schach gespielt oder wo die Zunge des heiligen Antonio zur Schau gestellt wird? Wo Sie köstlichen Grappa, moeche (winzige, sich in der Häutung befindende Krabben) oder knackigen Radicchio probieren können?

Lassen Sie sich mit diesem Buch Inspirationen für Ihren nächsten Urlaub schenken. Und natürlich möchte ich Sie auch verführen: zum mußevollen Entdecken, zum Genießen und Staunen.

Bis bald in Venetien!
Buon viaggio, gute Reise!

Beate Giacovelli

Der erste Blick auf Venetien

Venetien

italienisch: Veneto

Eine der wirtschaftsstärksten Regionen Italiens, begrenzt von vier Regionen: Trentino-Südtirol im Nordwesten, Lombardei im Westen, Friaul-Julisch Venetien im Osten und von der Emilia-Romagna im Süden. Die Landschaft des Veneto reicht von den Dolomiten bis zu kilometerlangen Sandstränden, vom Ostufer des Gardasees bis zu den größten Lagunen Italiens und bis zum Sumpfgebiet des Po-Deltas.

Sieben Provinzen mit gleichnamigen Hauptstädten

Verona (VR)
Vicenza (VI)
Padua (PD)
Rovigo (RO)
Metropolitanstadt Venedig (VE)
Treviso (TV)
Belluno (BL)

Öffnungszeiten

Bedenken Sie, dass viele Sehenswürdigkeiten nur von Anfang März bis Ende Oktober geöffnet und im Winter entweder geschlossen bzw. zu eingeschränkten Zeiten zu besichtigen sind. Viele Kirchen sind mittags und die meisten Museen montags geschlossen. Ein schneller Blick ins Internet schafft Sicherheit, was wann geöffnet ist.

Entspannte Reisezeit

In den Belluneser Dolomiten um Cortina d'Ampezzo kommen Wintersportler meist bis in den März hinein noch gut auf ihre Kosten. Im feuchten Po-Delta ist es im Winter verhältnismäßig mild, im Sommer jedoch schwülwarm bis heiß. Ähnliches gilt für die Küstenregion (Strände von Bibione, Venedig und Chioggia).

In den Weinanbaugebieten zeichnet vor allem der Herbst ein schönes Landschaftsbild. Seine Monate wie die des Frühlings sind ideal zum Wandern und Biken.

W veneto.eu/meteo oder 3bmeteo.com (Italienisch)

Venetien hat alles, was glücklich macht!

INFO

Fläche: 18.345 km^2
Einwohner: Knapp fünf Millionen
Hauptstadt: Venedig, visitvenezia.eu

W veneto.eu (offizielle Homepage)

ENIT, die italienische Zentrale für Tourismus in Österreich:

A Mariahilfer Straße 1b
1060 Wien
T (01) 505 16 39
W enit.at

Provinz Verona

Ob Romeo und Julias tragische Liebesgeschichte oder das weltberühmte Opernfestival in der Arena unter freiem Himmel – Verona zieht Romantiker aus aller Welt an. Ein Städteurlaub lässt sich zudem wunderbar mit Erholung am Wasser oder sportlichen Aktivitäten in den Bergen kombinieren – etwa am Gardasee, dessen Ostufer zu Venetien gehört.

Die Punta San Vigilio am Gardasee

Verona
Stadt der Liebenden

Die größte Oper der Welt unter freiem Himmel, grausame Gladiatorenkämpfe und eine Liebende, die über ihren Tod hinaus jährlich Tausende Briefe aus aller Welt erhält. Verona ist für jede Geschichte die perfekte Kulisse.

Mit seinem unglücklichen Liebespaar hat William Shakespeare Verona zur Hauptstadt der ewigen, wenn auch tragischen Liebe gemacht – hier spielt sein Drama „Romeo und Julia". Rund 2,5 Millionen Touristen aus aller Herren Länder zieht es jährlich zu angeblichen Originalschauplätzen der Stadt, die zum UNESCO-Weltkulturebe zählt. Bereits frühmorgens drängeln sich in der unscheinbaren Via Capello 23 Hunderte Besucher in den winzigen Innenhof der „Casa di Giulietta" hinein, vorbei an Wänden, die bis auf den letzten Millimeter mit Liebesschwüren bekritzelt sind. Sie alle wollen einen Blick auf den weltberühmten Balkon erhaschen, auf dem Giulietta, wie Italiener Julia nennen, schmachtend auf den aus der verfeindeten Montague-Familie stammenden Romeo gewartet haben soll. Dass der Balkon in Wirklichkeit ein Sarkophag aus Veronas Burg, dem Castelvecchio, ist und mehr als 300 Jahre, nachdem Shakespeare sein Stück 1597 veröffentlicht hat, angebracht wurde, tut der Romantik keinen Abbruch. Obwohl Julia im Original-Skript lediglich an einem Fenster (statt auf einem Balkon) auftaucht, lieben die Menschen diese Geschichte, in der das berühmteste Liebespaar der Weltliteratur ein tragisches Ende im Selbstmord findet. Und vielleicht bringt es ja tatsächlich Glück in der Liebe, der Bronzestatue Giulietta unter dem Balkon auf die bereits blank geriebenen Brüste zu fassen.

An Julia, Verona, Italien

Glücklich und unglücklich Verliebte. Romantiker. Einsame. Sie alle tun es. Sie schreiben Briefe: Liebe Julia, Cara Giulietta oder Dear Juliet ... Erstaunlich ist nicht nur, dass die jährlich rund 50.000 Briefe mit der Adresse „Julia, Verona, Italien" ihr Ziel erreichen, sondern vielmehr, dass alle handschriftlich beantwortet werden. Ein Team von rund 20 ehrenamtlichen „Sekretärinnen Julias" des Vereins „Club di Giulietta" schreibt stellvertretend für die eine: Julia. Den ersten an Giulietta adressierten Brief fand man in den 1930er-Jahren an Julias Grabstätte, die als Antwort auf den Kult um sie eingerichtet wurde. Ettore Solimani, der damalige Verwalter der Anlage, beschloss zu antworten und unterschrieb diesen und alle anderen Briefe, die folgten, mit Segretario di Giulietta, Julias Sekretär. In den 1980er-Jahren gründete Giulio Tamassia, den *Club di Giulietta*, den heute Tochter Giovanna ehrenamtlich leitet. Papier und Porto bezahlt bis heute die Stadt.

Stadt für Romantiker

Verona, das sich malerisch an eine große Schleife der Etsch schmiegt, hat alles, was das Flair einer italienischen Stadt ausmacht: bildhübsche Plätze wie die Piazza delle Erbe, deren Marktstände alles Erdenkliche feilbieten: vom Obst bis zu Handtaschen, aber auch Souvenirs; freskenverzierte Palazzi, mittelalterliche Gässchen, gesäumt von eleganten Boutiquen und einladenden Lokalen. Zudem findet in der imposanten Arena aus dem 1. Jahrhundert n. Chr. alljährlich das weltberühmte Arena-Opera-Festival unter freiem Himmel statt. Und es gibt wohl keinen anderen Ort in Italien, der den Glauben an die Liebe besser symbolisiert. Verona muss man einfach gesehen haben, und zwar am besten zu zweit.

Die perfekte Stadt für Verliebte und solche, die es werden wollen

Großartig: die Arena di Verona (siehe S. 18)

Zeit für …

… Veronas Top 7

Arena di Verona

Wo einst Gladiatoren grausame Kämpfe ausfochten, findet jährlich im Sommer das Arena-Opera-Festival mit Opernaufführungen und (klassischen) Konzerten unter freiem Himmel statt – ein unvergessliches Erlebnis. Infos und Tickets unter:

W arena.it

Casa di Giulietta

Im liebevoll eingerichteten Museum sind unter anderem Requisiten der Shakespeare-Verfilmung „Romeo and Juliet" von Franco Zeffirelli (1968) zu bestaunen.

A Via Capello 23
37121 Verona (VR)
Club di Giulietta:
Vicolo Santa Cecilia 9
37121 Verona (VR)
T (+39 045) 53 31 15
W julietclub.com

Ponte Scaligero

Wunderschön ist ein Spaziergang über die römische Bogenbrücke, die das mächtige Castelvecchio mit dem anderen Ufer der Etsch verbindet. Wer das auf einem Zypressenhügel thronende Castel Pietro erklimmt (alternativ fährt eine Standseilbahn hoch), wird mit einem traumhaften Blick auf Verona und die große Schleife der Etsch belohnt.

Basilica di San Zeno Maggiore

Das romanische Juwel aus dem 12. Jahrhundert birgt unschätzbare Kunstwerke. Allein für den Kreuzgang, die Bronzereliefs an den Türen, Andrea Mantegnas dreiteiliges Altarbild (1457–1459) oder die Reliquien des Stadtpatrons San Zeno in der Krypta lohnt sich ein Besuch.

A Piazza San Zeno 2
37123 Verona (VR)

Via Sottoriva

Eine stimmungsvolle Straße, gesäumt von Arkaden und urigen Lokalen. Hier sitzt man fast ausschließlich unter italienischen Gästen und kann für Verona typische Gerichte wie *pastissada de caval con polenta*, geschmortes Pferdefleisch mit Polenta, oder *bollito con la pearà*, gekochtes Rindfleisch mit einer Sauce aus geriebenem Brot, Pfeffer, Knochenmark und Brühe probieren.

Giardino Giusti

Am linken Ufer der Etsch versteckt sich einer der schönsten Renaissancegärten Italiens, in dem schon Goethe, Kaiser Joseph II. oder Mozart lustwandelten. Mit Zypressenallee, Grotten, römischen Funden, Fontänen und Labyrinth – ein idealer Ort an heißen Sommertagen.

A Via Giardino Giusti 2
37129 Verona (VR)
W giardinogiusti.com

Verona in Love

Fünf Tage rund um den Valentinstag am 14. Februar feiert Verona mit zahlreichen Konzerten und Veranstaltungen l' amore, die Liebe. Viele Restaurants bieten zudem unter dem Motto „Two Hearts at the table" Romantik-Dinner an.

W lovinverona.com

INFO

A AT Verona:
Via Leoncino 61
(Palazzo Barbieri)
37121 Verona (VR)
T (+39 045) 80 68 680
W www.visitverona.it

Hier erhalten Sie unter anderem Informationen zu Spaziergängen auf den Spuren Romeo und Julias.

oben:
Blick vom Castel San Pietro auf Verona und den Bogen der Etsch

unten:
Weltberühmt: Julias Balkon

Garda

An der Riviera der Olivenbäume

Das Fischerdorf schmiegt sich an eine sanft geschwungene Bucht am Ostufer des Sees, das in seiner gesamten Länge bis auf einen kleinen Zipfel im Nordosten zu Venetien gehört. Der Ferienort, dem der See seinen Namen verdankt, ist einer der schönsten und liebenswertesten am Lago.

Garda ist ein zauberhafter kleiner Ort an der Riviera degli Olivi, der Riviera der Olivenbäume, wie das in Venetien gelegene Ostufer auch genannt wird, das im Gegensatz zum schroffen, teils senkrecht ins Wasser abfallenden Westufer in der Lombardei offener und flacher ist – hier spielt sich der Großteil des touristischen Trubels ab. Garda hat einen hübschen Ortskern: Alte Häuser mit malerischen Bogengängen und funzeligen Straßenlaternen reihen sich in kleinen, verwinkelten und nahezu autofreien Gassen aneinander. Auf der breiten Promenade, einer der schönsten am See, gesäumt von langen Badestränden, Cafés, Eisdielen und Restaurants, kann man Richtung Süden nach Bardolino oder Richtung Norden (bei Niedrigwasser) bis zur Landzunge Punta San Vigilio spazieren.

Lacus Benacus

Schon die Römer liebten ihren Lacus Benacus, wie Italiens größter See in der Antike hieß und um den sich zahlreiche Legenden ranken. Eine davon erzählt vom Wassergott Benacus, der einst sein Meer auf der Suche nach der großen Liebe verließ. Als er auf den Monte Baldo wanderte, erblickte er die Nymphe Engardina, die glücklich in einem kristallklaren Bergsee lebte. Benacus verliebt sich unsterblich in das zauberhafte Wesen mit leuchtend blauem Haar und bat Engardina, ihm zu folgen. Doch die Nymphe wollte ihren geliebten *laghetto*, kleinen See, nicht verlassen. Da versprach Benacus, ihr einen viel größeren und schöneren Lago zu schenken. Er schlug seinen Dreizack in einen Felsen, aus dem sofort gewaltige Wassermassen in ein Becken sprudelten und sich zu einem See aufstauten. Glücklich stürzten sich die *innamorati*, Liebenden, in die klaren Fluten, wobei sich das Wasser vom Haar der Nymphe blau verfärbte. Ihre Liebe krönte ein Sohn, dem sie den Namen Garda gaben.

Sonnenuntergang in Garda

Tatsächlich aber leitet sich Garda nicht vom Namen dieses Kindes ab, sondern von einer mächtigen Burg, die in Garda einst auf dem markanten Felsen La Rocca thronte – ein strategisch günstig gelegener Beobachtungsposten. Das germanische Wort für „beobachten" lautete „warden" und verwandelte sich im Laufe der Zeit zu „garden". So wurde aus dem Lacus Benacus der Lago di Garda. Die ursprüngliche Bezeichnung „Benacus" ist jedoch bis heute lebendig, zum Beispiel in Ortsnamen wie San Felice del Benaco oder Torri del Benaco. Am südlichen Ende des Ortes führt ein ausgeschilderter Spaziergang zu den spärlichen Überresten der Rocca – von hier oben öffnet sich ein atemberaubender Blick auf den See.

Garda ist einer der schönsten Orte, um einen traumhaften Sonnen-untergang am Lago zu genießen.

Der schönste Ort der Welt

Garda ist an lauen Sommerabenden, wenn die *pescatori*, Fischer, vom Hafen mit ihren bunten Fischerbooten auslaufen und sich die Sonne bis in die späten Abendstunden genießen lässt, besonders stimmungsvoll – und glücklich ist, wer ein lauschiges Plätzchen in einem der netten Lokale direkt am Wasser ergattert, aus deren Küchen der Duft von hausgemachten, dottergelben Bigoli (spaghettiähnliche Pasta) mit Gardasee-Sardinen, sämigem Risotto mit fangfrischer Schleie oder knusprig gegrillter Felche, serviert auf Polentascheiben, quillt.

Vor dem Abendessen sollte man einen *aperitivo* auf der traumhaft schönen Landzunge Punta San Vigilio nicht verpassen, über die der Humanist und Rechtswissenschaftler Agostino Brenzone schrieb: „Die ganze Welt besteht aus drei Teilen: Afrika, Asien und Europa. Der schönste Erdteil ist Europa, und davon ist Italien der schönste Teil, von Italien wiederum die Lombardei und von dieser der Gardasee und an diesem San Vigilio. Ergo ist San Vigilio der schönste Ort der Welt." Wer sich hier umsieht, glaubt es sofort.

Verträumt: die Punta San Vigilio

SEHENSWERTE ORTE AM OSTUFER

Peschiera del Garda, Lazise, Bardolino, Torri del Benaco, Malcesine – von Letzterem surrt eine sich drehende Panoramagondel auf den Monte Baldo (rund 2.000 Meter), den höchsten Berg am See.

W lagodigardaveneto.com

Zeit für ...

Dolce vita auf zwei Rädern – das macht nicht nur am Gardasee, sondern auch entlang der Strada del Prosecco Spaß (siehe S. 144)

... einen Ausflug mit der Vespa

Ein freundliches Team mit deutsch-italienischen Wurzeln vermietet in Garda Vespas, Fahrräder, E-Bikes und bietet auf Anfrage geführte Touren an.

A Via Don Gnocchi 41b
37016 Garda (VR)
T (+39 366) 93 65 806;
deutsche Telefonnummer
(+49 152) 31 83 89 79
W bellabici.bike

... die Baia delle Sirene

Direkt neben der Punta San Vigilio liegt der (gebührenpflichtige) Strand der Sirenen – einer der schönsten und ruhigsten am See. Mit großer Liegewiese, Schatten spendenden Olivenbäumchen, Umkleidekabinen und Duschen. Abends – zur Stunde des *aperitivo* – ist der Eintritt frei.

W parcobaiadellesirene.it

... Italiens größten Vergnügungspark

Gardaland bietet Spaß und Nervenkitzel für Jung und Alt. Wer den Eintritt berappt, darf den ganzen Tag mit (fast) allen der über 40 Fahrgeschäfte fahren. Für das Aquarium Sea Life mit rund 40 Aquarien (Seepferdchen-Becken, Delphine, Haie ...) und gläsernem Unterwassertunnel muss Extraeintritt bezahlt werden.

A Via Derna 4
37014 Castelnuovo
del Garda (VR)
W gardaland.it

... ein Kirchlein am Abgrund

Wie aus einer senkrechten Felswand gemeißelt, schwebt das Wallfahrtskirchlein Santuario Madonna della Corona hoch über dem Tal der Etsch. Ein spektakulärer Ort, der nicht nur Gläubige beeindruckt.

A Località Santuario 1,
Spiazzi di Ferrara di
Monte Baldo
37020 Verona (VR)
W madonnadellacorona.it

Amarone

Liebe auf den ersten Schluck

Wer gerne aus Liebe zu exquisiten Weinen reist, ist im sanften Hügelland Valpolicella genau richtig. Hier kredenzen Winzer fruchtigen Valpolicella, vollmundigen Ripasso, süßen Recioto und den wohl ausgefallensten Spitzenwein Venetiens: Amarone – den König der Weine.

Valpolicella, das „Tal der vielen Kellereien" (lateinisch: val-poli-cellae), am Fuße der Lessinischen Hügel nördlich von Verona ist eine wunderschöne Landschaft und ideal für Genusswanderungen oder (E-)Bike-Touren. Schmale, teils sehr kurvige Straßen winden sich vorbei an bezaubernden Weindörfchen wie Fumane, Pieve di San Floriano oder Negrar. Romanische Kirchen und historische Villen, in denen sich noch heute Weingüter befinden – viele haben auch Gästezimmer, man kann also mehrere Tage in den Weinhügeln verbringen –, liegen auf dem Weg. Verstreute Gutshöfe wechseln sich ab mit Zypressen, Oliven- und Kirschbäumen und Abertausenden Weinreben, die meist „a pergola veronese" hochgebunden sind, sodass Ranken und Blätter pittoreske Dächer bilden, die den empfindlichen Trauben Schatten spenden und die *vendemmia*, die Weinlese, erleichtern. Hier keltern Winzer aus den heimischen Rebsorten Corvina, Corvinone, Rondinella und Molinara herrliche Tropfen: Fruchtigen Valpolicella DOC*, vollmundigen Ripasso DOC, den Süßwein Recioto DOCG** sowie einen der intensivsten Rotweine der Welt: Amarone della Valpolicella DOCG.

Zeit, viel Zeit und Geduld

Während aus den frischen Trauben süffiger Valpolicella erzeugt wird, werden die Beeren für den Amarone angetrocknet: Wenn herbstlicher *venticello*, der kühlende Wind, morgens Richtung Gardasee und abends Richtung Verona durch abgeerntete Weinreben streicht, ruhen die prallen, Ende September geernteten Trauben in luftigen Dachböden, wo sie behutsam eingebettet in flachen Holzkisten während etwa vier Monaten verschrumpeln – zu rosinenartigen Kraftpaketen voller Süße. *Appassimento* nennen Winzer diesen Vorgang, *riposo*, ruhen, den Winterschlummer der Trauben. Danach erst wird gepresst, vergoren und gereift – im Fall von Amarone mindestens zwei Jahre, meist jedoch vier, fünf oder noch länger.

Im Weingarten der Familie Speri (siehe S. 28)

*DOC (Denominazione di Origine Controllata): kontrollierte Ursprungsbezeichnung
**DOCG (Denominazione di Origine Controllata e Garantita): kontrollierte und garantierte Ursprungsbezeichnung

Amarone duftet und schmeckt so gut, dass man gleich den nächsten Schluck nehmen möchte.

Malheur im Weinkeller

Um die Entstehung des Amarone rankt sich die Legende vom Kellermeister Adelino Lucchese, der in den 1930er-Jahren im Weinkeller der Cantina Valpolicella Negrar ein Fass Recioto, ein Süßwein der Gegend, schlichtweg vergessen haben soll, woraufhin der Wein erneut zu gären begann. Als Adelino seine Unachtsamkeit bemerkte, hatte sich der zuckersüße Recioto bereits in einen trockenen, 16-%-alkoholstarken Amarone verwandelt, der sich am Gaumen verführerisch süß, im Abgang leicht herb gibt. Eine Geschmacksnote, die bereits in seinem Namen mitschwingt: *amaro* – auf Italienisch „bitter, herb".

Das Leben zelebrieren

Während einer kleinen Winzertour durch das touristisch nur wenig erschlossene Valpolicella den „König der Weine" zu verkosten verspricht Muße und Genuss – besonders reizvoll im Frühling, wenn die Kirschbäume blühen, oder im Herbst, zur Weinlese. In den meisten Kellereien kann man Wein verkosten und – wie Italiener es gerne tun – Kartons mit Jahresvorräten zusammenstellen. Bekommt man zwischendurch Hunger, kein Problem: In den meisten Restaurants kommen regionale Gerichte wie *pastissada de caval*, Schmorbraten aus Pferdefleisch, *risotto all'Amarone* aus der Reissorte Vialone Nano (siehe Seite 30) oder *il lesso con pearà*, verschiedene in Pfeffersauce geköchelte Fleischsorten, auf den Tisch – dazu gibt es nichts Besseres als Amarone, den Italiener „vino da meditazione" nennen, weil der Charakterwein sowohl beim Reifen als auch beim Genießen viel Zeit in Anspruch nimmt. In einer kleinen Runde guter Freunde Zeit und Gedanken verdichten, dazu ein Glas des schweren Tropfens – so lässt sich das Leben in vollen Zügen genießen. *Cin-Cin!*

Weinregion Valpolicella – berühmt für ihren legendären Amarone

oben:
Reiche Ernte für die Cantina Valpolicella Negrar (siehe S. 28)

unten:
Riposo: Trauben im Winterschlummer (Speri Viticoltori, S. 28)

Zeit für ...

... Weinproben

Monte Dall'Ora

Biodynamisches Weingut in idyllischer Lage, in dem Carlo Venturini und Alessandra Zanteschi biozertifizierte Weine keltern.

A Via Monte Dall'Ora 5
Castelrotto
37029 San Pietro in Cariano (VR)
T (+39 045) 77 04 462
W montedallora.it

Cantina Valpolicella Negrar

In der Genossenschaft wurde in den 1930er-Jahren der erste Amarone abgefüllt. Sie schmückt sich mit „Tre Bicchieri" (drei Gläsern) des renommierten italienischen Weinführers „Vini d'Italia", Verlag Gambero Rosso.

A Via Cà Salgari 2
37024 Negrar (VR)
T (+39 045) 60 14 300
W cantinanegrar.it

Für Weinverkostungen ist (meist) eine Reservierung nötig.

Speri Viticoltori

Familie Speri besitzt seit sieben Generationen 60 Hektar Weinberge in bester Lage. Die mehrfach prämierte Biokellerei vinifiziert ausschließlich Trauben aus eigenen Reben.

A Via Fontana 14
37029 San Pietro in Cariano (VR)
T (+39 045) 77 01 154
W speri.com

Villa Crine

Historischer Familienbetrieb (seit 1893), untergebracht in einer traumhaft schönen Villa. Hier gibt es ebenfalls mehrfach ausgezeichnete Weine zu verkosten. Außerdem: feinstes Olio Extra Vergine di Oliva DOP.

A Via della Contea 46
37029 Pedemonte (VR)
T (+39 045) 77 04 072
W villacrine.it

Cantina & Relais Musella

Biodynamisches Weingut in herrlicher Lage, in dem hochgelobte Weine gekeltert werden. Im Relais (mit Pool) können Sie in luxuriösen Apartments oder Zimmern in Himmelbetten nächtigen.

A Via Ferrazzette 2
37036 San Martino Buon Albergo (VR)
T (+39 045) 97 33 85
W musella.it

Weingut Guerrieri Rizzardi

Die Villa Rizzardi mit ihrem traumhaften Giardino di Pojega (zu besichtigen!) mit Statuen, Tempel, Freilichttheater ist ein Juwel. Im Wineshop finden Sie eine große Auswahl an (prämierten) Weinen, aber auch Grappa, Amarone-Weinessig und Olivenöl.

A Via Villa Rizzardi 10
Località Pojega
37024 Negrar (VR)
T (+39 045) 72 10 028
W guerrieri-rizzardi.it

Villa Serego Alighieri

1353 erwarb Dante Alighieris Sohn Pietro das Anwesen, das der heutige Eigentümer Graf Pieralvise Serego Alighieri in 21. Generation betreibt. Weinprobe und Führung über den Besitz lohnen alleine schon wegen der faszinierenden Familiengeschichte.

A Via Stazione Vecchia 472
Località Gargagnago
37015 Sant'Ambrogio di Valpolicella (VR)
T (+39 045) 77 03 622
W seregoalighieri.it

Im historischen Weinkeller der Familie Speri reifen kostbare Weine.

… eine kulinarische Pause

Enoteca della Valpolicella

Das wunderschöne Restaurant mit Enoteca, untergebracht in einem historischen Bauerngehöft, ist bekannt für regionale, saisonale Spezialitäten wie Risotto mit aromatischen Kräutern oder Entenbrust verfeinert mit Recioto-Wein. Dazu gibt es Valpolicella-Weine sowie Hunderte weitere Tropfen aus ganz Italien zu verkosten und kaufen.

A Via Osan 45
37022 Fumane (VR)
T (+39 045) 68 39 146

W enotecadellavalpolicella.it

… eine Tour mit dem Fahrrad

Itinera Bike & Travel

Bietet unter anderem geführte (mehrtägige) Amarone-Touren mit dem (E-)Bike an.

A Via Madonna del Terraglio 5
37129 Verona (VR)
T (+39 045) 22 26 529
W itinerabike.com

Strada del Vino Valpolicella

Hilfreiche Tipps wie Routenvorschläge, Rad- und Wanderwege, Kellereien und Restaurants mit heimischer Küche finden Sie unter:

W stradadelvinovalpolicella.it

Isola della Scala

Im Reich der Reismühlen

Nicht nur in Asien gedeiht Reis, auch in Venetien wird er angebaut. Ein Schlemmerausflug in die Bassa Veronese, südlich von Verona. Hier wächst der wohl beste Risottoreis Italiens: Vialone Nano Veronese, den Feinschmecker als Kostbarkeit handeln und den man in vielen Reismühlen ab Hof kaufen kann.

Rund um das Städtchen Isola della Scala, vor allem im Ortsteil Vo' Pindemonte, zeigt sich Venetien von einer anderen Seite. Bassa Veronese nennen Einheimische das flache, weite Land, das sich 20 Kilometer südlich von Verona erstreckt und einer gigantischen seichten Pfütze gleicht, unterteilt in unregelmäßige Rechtecke. Himmel und Wolken spiegeln sich darin, kleine ineinander verschlungene Kanäle glucksen und zwischen zartgrünen Pflänzchen spähen Reiher nach Beute. Es sind *risaie*, Reisfelder, die im Frühling mit dem Wasser der Flüsse Tione, Tartaro und Adige (Etsch) geflutet werden und bis zur Erntezeit im Herbst, wenn sich die Reishalme unter der Last ihrer reifen Körner biegen, unter Wasser stehen. Seit dem 16. Jahrhundert kultivieren Reisbauern in der Bassa Veronese den wohlschmeckenden *Riso*. Zwar ist die Anbaufläche von etwa 1.500 Hektar – gemessen an den kilometerlangen Reisplantagen in der piemontesischen und lombardischen Po-Ebene (Italien ist Europas größter Reisproduzent) – sehr klein. Doch nur in der Bassa Veronese gedeiht der Vialone Nano Veronese IGP, der 1996 als erste Reissorte in Europa mit einer geschützten geografischen Angabe (IGP = Indicazione Geografica Protetta) ausgezeichnet wurde. Seine kleinen – *nano* bedeutet „Zwerg" auf Italienisch – *chicchi*, die Körner, geben einen Hauch mehr an Stärke ab als andere Risotto-Reissorten und sind schon nach 15 Minuten wunderbar *al dente* gekocht.

Reis ab Hof kaufen

Geflutete Reisfelder in der Bassa Veronese

Man sollte sich Zeit nehmen, um den herben Charme dieser fast meditativ gleichförmigen Tiefebene zu entdecken. Ein Gewirr an Landstraßen führt vorbei an lichten Pappelwäldchen, Maisfeldern, historischen Landsitzen wie der Villa Pindemonte (18. Jahrhundert) in Vò, der Villa Giuliari in Buttapietra oder an romanischen Kirchen wie der Chiesa di Santa Maria Novella di Erbedello in Erbé, aber auch an nichtssagenden Fabriken und Industriegeländen. Zahlreiche Pile, Reismühlen, säumen die Straßen, viele bieten ihre Erzeugnisse ab Hof an: Reis unterschiedlicher Sorten und Farben, fertige Risotto-Mischungen, aber auch erstaunliche Produkte wie Reisbier, Reisschnaps, Reisessig, Reispralinen oder Kosmetika mit Reisextrakten. Genießen steht wie in ganz Venetien auch in den stillen Dörfern der Bassa Veronese ganz oben auf der Prioritätenliste. In den Restaurants und Trattorien wird einfach, aber geschmackvoll mit frischen, hochwertigen Zutaten gekocht, wobei sich kulinarisch (fast) alles um Risotto dreht, das hier seit Generationen etwa *all' Isolana*, mit fein gehacktem Rind- und Schweinefleisch, Rosmarin und einem Hauch Zimt, oder *all' Amarone*, mit Rotwein aus dem nahe gelegenen Valpolicella, auf den Tisch kommt.

Mit Vialone Nano Veronese gelingt Risotto, wie Italiener es lieben: cremig, mit bissfesten Körnern.

Reismühle Antica Riseria Ferron

Die bekannteste Reismühle der Bassa Veronese ist die Antica Riseria Ferron, die versteckt am Ende einer Schotterstraße liegt. Bereits in fünfter Generation betreibt Gabriele Ferron gemeinsam mit Bruder Maurizio die Pila Vecia, wie das schlichte Gebäude im Dialekt heißt. Sie gilt als die älteste noch funktionierende Reismühle Italiens. Seit 1650 klappert hier ein großes Schaufelrad, in Schwung gehalten von der Wasserkraft des dunkelgrünen Fossa Zenobia, der mitten durch das betagte Gemäuer rauscht. Natürlich haben die Brüder Ferron den Großteil der Reisproduktion längst in eine moderne Fabrik verlegt, doch die Pila Vecia ist das Herzstück des Betriebs geblieben. Wer mit allen Sinnen erleben will, wie Korn für Korn von der Schale befreit wird, ist hier genau richtig. Gabriele Ferron, der sich als *ambasciatore del riso*, als Reis-Botschafter, bezeichnet und weltweit Vorträge zum Thema „Vialone Nano" sowie Kochkurse abhält, erklärt Besuchern mit Begeisterung den uralten Mechanismus der rhythmisch stampfenden Geräte im Inneren der Mühle, in der bis heute Vialone Nano für Spitzenrestaurants und Feinkostläden produziert wird. Im angeschlossenen Ristorante Pila Vecia mit Schauküche, in der der passionierte Koch selbst den Kochlöffel schwingt, können Gäste zahlreiche Risotto-Variationen probieren – so duftend, *al dente* und von solch cremiger Konsistenz, wie Italiener und Italienerinnen den Klassiker ihrer Küche lieben.

Versteckt am Ende einer Schotterstraße: die Pila Vecia

Zeit für ...

Risotto all'Amarone

... Risotto all'Amarone – Gabriele Ferrons Rezept

<u>Zutaten für vier Personen</u>

½ rote Zwiebel, am besten die milden aus Tropea
4 EL Olivenöl extra vergine
300 ml Amarone della Valpolicella DOCG
400 g Riso Vialone Nano Vialone IGP
900 ml Gemüsebrühe
(aus Karotte, Sellerie, Zwiebel, Lauch)
30 g Butter
70 g Monte Veronese DOP, frisch gerieben
frisch gemahlener Pfeffer, Salz

<u>Zubereitung</u>

Die Tropea-Zwiebel fein schneiden und mit 2 EL Olivenöl kurz anschwitzen, Topf beiseitestellen. Den Rotwein erhitzen (keinesfalls aufkochen!). In einem weiteren Topf den Reis im restlichen Olivenöl glasig rühren und die Zwiebeln hinzufügen. Mit heißem Amarone auffüllen und bei mittlerer Hitze unter vorsichtigem Rühren einkochen lassen. Nun 700 ml der kochenden Gemüsebrühe auf einmal (nicht nach und nach, wie oft in Risotto-Rezepten angegeben!) dazugeben, vorsichtig umrühren und zugedeckt bei schwacher Hitze etwa 15–18 Minuten einreduzieren lassen. Sobald die Körner gegart, aber noch *al dente* sind, den Topf vom Herd nehmen und die Butter sowie den geriebenen Käse unterrühren. Damit das Risotto all'onda, also noch cremiger, wird, fügt man der Butter und dem Käse noch etwas von der restlichen Brühe bei – genau so viel wie nötig. Das Risotto anrichten und mit frisch gemahlenem Pfeffer würzen. Salzen nur nach Bedarf.

Venetiens schönste Dörfer

Unbekannte Perlen

In Venetien gehören elf Dörfer zum erlesenen Club der „Borghi più belli d'Italia", der schönsten Dörfer Italiens. Das Netzwerk wurde 2001 mit dem Ziel gegründet, das historische Erbe von Orten abseits des Massentourismus zu bewahren, lokales Handwerk und Brauchtum zu fördern und Abwanderung zu vermeiden.

PROVINZ VERONA

San Giorgio di Valpolicella

„San Giorgio Ingannapoltron" (Ingannapoltron = täuscht die Faulenzer) nennen Einheimische den Ortsteil der Gemeinde Sant' Ambrogio di Valpolicella, weil der Aufstieg dorthin anstrengender ist, als es den Anschein hat. Glücklicherweise windet sich alternativ eine Serpentinenstraße hinauf in das malerische Dorf, von dem sich ein herrlicher Blick bis hin zum Gardasee öffnet. Sehenswert ist die romanische Kirche aus dem 7. bis 8. Jahrhundert mit hübschem Kreuzgang und kleinem archäologischen Museum, das Funde aus der Bronze-, Eisen- und Römerzeit zur Schau stellt. Die Umgebung lässt sich besonders schön auf Wanderwegen durch die Weinberge des Valpolicella-Gebiets entdecken.

W infovalpolicella.it

Malcesine

Das mittelalterliche Malcesine am Ostufer des Gardasees hat alles, was ein Traumstädtchen ausmacht: Eine imposante Skaligerburg – in der Goethe einst beinahe verhaftet wurde, weil er sie malte und man ihn für einen Spion hielt –, enge Treppengässchen, blumengeschmückte Häuser, einen zauberhaften alten Hafen und breite Kiesstrände in unmittelbarer Nähe (Badesachen nicht vergessen!). Von Malcesine führt eine sich drehende Panoramagondel auf den 2.000 Meter hohen Monte Baldo – ein herrliches Wanderterrain mit grandiosem Blick auf den Lago di Garda. Am Hafen legt zudem die Autofähre nach Limone am Westufer des Sees ab.

W visitmalcesine.com

Malerisch:
das Mühlenviertel
Borghetto

Borghetto

Das pittoreske Mühlendorf, ein Ortsteil von Valeggio sul Mincio, ist nur wenige Kilometer vom Gardasee entfernt. Besuchenswert sind nicht nur die mächtige Skaligerburg aus dem 13. bis 14. Jahrhundert, sondern vor allem die guten Restaurants. Der Legende nach wurde in Borghetto *il Nodo d'Amore* (Liebesknoten) – der echte Tortellino – erfunden: Dottergelbe, etwa mit Fleisch, Trüffel, Pilzen, Käse oder Radicchio gefüllte Pasta, die man in den Ristoranti direkt am Flussufer genießen kann. Alljährlich am dritten Dienstag im Juni feiern Einheimische das Fest „Festa del Nodo d'Amore", dann verwandelt sich die Visconti-Brücke, die sich 600 Meter über den Fluss Mincio spannt, in ein Restaurant unter Sternenhimmel.

W valeggio.com

PROVINZ PADUA

Montagnana

Das Kleinod zählt zu den am besten erhaltenen ummauerten Städtchen Venetiens und ist umgeben von einem hohen zinnengekrönten Mauerring mit 24 Türmen und vier Toren in jeder Himmelsrichtung (13. Jahrhundert). Die etwa zwei Kilometer lange Mauer kann man im begrünten Stadtgraben umwandern. In diesem Graben wird jedes Jahr am ersten Sonntag im September der berühmte *Palio dei 10 Comuni*, ein historisches Pferderennen, veranstaltet, zu dem viele Besucher aus nah und fern strömen. Einen Besuch lohnen: der Dom Santa Maria Assunta (1431) mit gotischer Fassade auf der Piazza Vittorio Emanuele II. und das Castello di San Zeno (13. Jahrhundert), von dessen 40 Meter hohen Torre di Ezzelino man einen grandiosen Blick auf die Dächer der Altstadt genießt.

W veneto.eu

Arquà Petrarca– Heimat des Dichters Petrarca

(siehe Seite 72)

PROVINZ TREVISO

Ásolo

Eines der zauberhaftesten Städtchen Venetiens, umringt von mittelalterlichen Stadtmauern. Von Weitem erblickt man die mächtigen Ruinen der Rocca (12. bis 13. Jahrhundert) auf dem Monte Ricco. Der kurze Aufstieg lohnt sich: Wegen der phänomenalen Aussicht auf das Gassengewirr der Altstadt mit arkadengesäumten Palazzi, schmalen Pflastergässchen, schönen Plätzen wie der Piazza Garibaldi, auf der sich die Cattedrale di Santa Maria Assunta erhebt, sowie auf das Castello di Catarina Cornaro. Nicht verpassen sollte man das Museo Civico, untergebracht im hübschen Palazzo del Vescovado und der Loggia della Ragione mit archäologischen Fundstücken, Pinakothek und Domschatz.

W asolo.it

Portobuffolè

In dem mittelalterlichen Juwel mit freskengeschmückten Palazzi und lauschigen Arkaden geht es ruhig und beschaulich zu. Hauptsehenswürdigkeit ist das Wohnhaus Casa di Gaia da Camino (Ende 13. Jahrhundert), ein turmähnliches Haus mit eleganten Säulen und beeindruckendem Freskenzyklus im Inneren, in dem die von Dante in der Göttlichen Komödie verewigte Dichterin Gaia da Camino (1270–1311) lebte. Einen Besuch wert ist der Dom – einst eine jüdische Synagoge –, in dessen Innerem ein hölzernes Kruzifix aus dem 15. Jahrhundert sowie eine prächtige Orgel (18. Jahrhundert) mit 472 Pfeifen aus Zink und Zinn zu bestaunen ist.

W veneto.eu

oben:
In schönster Panoramalage: Asolo

unten:
Das beschauliche Portobuffolè

I Borghi più belli d'Italia

Die Vereinigung der „Schönsten Dörfer Italiens“ zählt insgesamt 360 Mitglieder (Stand: November 2023).

W **borghipiubelliditalia.it**

Der malerische Kreuzgang der Abbazia di Follina ist ein Kraftplatz.

Cison di Valmarino

Überragt wird der Ort vom Castello Brandolini, einem der größten Schlösser Italiens, zu dem eine moderne Zahnradbahn hinaufsurrt. Der Komplex ist vollständig renoviert und birgt ein Luxushotel, Restaurants und Bars. Im Rahmen von geführten Touren kann man das Kastell besichtigen, unter anderem gibt es eine Waffenausstellung, alte Kutschen und eine Folterkammer zu sehen. Danach lohnt sich ein Bummel im historischen Zentrum von Cison Valmarino mit seinen eleganten Bauten und der beeindruckenden Kirche Santa Maria Assunta, eingeweiht 1746. Im Ort startet der schöne Spazierweg „Vie dell'Acqua", der entlang des Flusses Rujo zu historischen Wassermühlen führt.

W turismocisondivalmarino.it

Follina

In das Örtchen Follina, umgeben von üppig grünen Prosecco-Hügeln, kommt man zum Wandern, zur Erholung und vor allem, um sich die bezaubernde Abbazia di Follina anzuschauen. Die Mönche, die sich hier im 12. Jahrhundert niederließen, brachten den Bewohnern die „Follatura" (das Walken von Wolle) bei, daher der Name der Ortschaft. Zu bestaunen sind: das Fresko „Maria mit Kind und Heiligen" (1527) von Francesco da Milano im rechten Kirchenschiff und der harmonische Kreuzgang mit seinen bildschönen Kapitellen – ein magischer Kraftort.

W turismofollina.it

PROVINZ BELLUNO

Mel di Borgo Valbelluna

Das winzige Dorf, ein Ortsteil des Borgo Valbelluna, liegt am Ufer des Flusses Piave. Herz der Ortschaft ist die lang gezogene Piazza Papa Luciani, eingefasst von noblen Adelspalästen aus dem 16. und 17. Jahrhundert. Blickfang sind der Palazzo Zorzi mit seinen Kielbögen, heute Sitz des Rathauses; der Palazzo delle Contesse mit archäologischem Museum sowie der Palazzetto Barbuio direkt daneben (14. Jahrhundert). Die Piazza wird im Norden durch die Pfarrkirche Santa Maria Annunziata (1756–1758) begrenzt mit Werken von Girolamo Denti, Giovanni da Mel und Cesare Vecellio. Tipp: In rund zehn Autominuten erreicht man die imposante Burg Zumelle mit zinnenbewehrter Mauer, die wie ein Adlerhorst auf einem Hügel thront.

W visitborgovalbelluna.it

Sottoguda

Das alte Dorf in der Gemeinde Rocca Pietore liegt am Fuße der Marmolata in den Dolomiten. Charakteristisch sind die vielen *Tabièi*, Scheunen aus Holz und Stein. Sottoguda ist umgeben vom „El bosch di Faièr", einem der höchsten Buchenwälder Europas. Nicht verpassen sollte man die kleine, den Heiligen Fabiano, Sebastian und Rocco geweihte Kirche, die 1486 von den Einheimischen nach einem Gelübde (Verschonung von der Pest) eingeweiht wurde, sowie die Gola dei Serrai am Ortsende – eine spektakuläre, zweieinhalb Kilometer lange Schlucht, gegraben vom Wildbach Pettorina.

W sottoguda.it

Lauschige Bogengänge zieren das Örtchen Asolo.

Provinz Vicenza

Im *centro storico* Vicenzas strahlt alles durch die Kunst des berühmten Renaissancearchitekten Andrea Palladio, dessen Villen zum UNESCO-Weltkulturerbe zählen. Auf entspannten Überlandfahrten entdeckt man viel Sehenswertes wie mittelalterliche Städtchen oder das Zentrum des beliebtesten italienischen Digestifs - des Grappa.

Bassano del Grappa liegt malerisch am Fluss Brenta.

Vicenza

Die Stadt Andrea Palladios

Ihren Ruhm verdankt Vicenza einem der genialsten Baumeister aller Zeiten: Andrea Palladio. Bei einem Streifzug durch die Gassen sind prächtige Villen zu entdecken, die zum UNESCO-Weltkulturerbe zählen, bühnenreife Plätze und urige Lokale. Hier können Sie Baccalà alla Vicentina genießen, Stockfisch mit goldgelber Polenta.

Viele Reisende lassen Vicenza auf dem Weg zu den prominenten, jeweils eine Autostunde entfernten Touristenmagneten Venedig und Verona links liegen. Zu Unrecht. Denn die prachtvolle 112.000-Einwohner-Stadt ist mit Palästen des berühmten Renaissance-Architekten Andrea Palladio (1508–1580) buchstäblich gepflastert und versprüht dazu den ganzen Charme italienischer Heiterkeit. „Citta del Palladio" nennen Einheimische stolz ihre Stadt, die seit 1994 samt der 23 Stadt- und drei Landvillen Palladios zum UNESCO-Weltkulturerbe zählt und einem Museum unter freiem Himmel gleicht. Ein gut ausgeschilderter Spaziergang führt auf den Spuren des Baumeisters zu seinen architektonischen Meisterwerken, die weltweit stilprägend waren. Von ihnen inspiriert sind zum Beispiel das Weiße Haus in Washington, das britische Königshaus oder die Gloriette im Garten von Schloss Schönbrunn in Wien.

Palladios Meisterwerke

Andrea Palladio hieß eigentlich Andrea di Pietro della Gondola, den Namen Palladio erhielt er in Anspielung auf die griechische Göttin der Weisheit, Pallas Athene. Sein erster Auftrag, der Umbau der Basilica Palladiana (1549) – keine Kirche übrigens, sondern ein Stadtpalast – auf der lang gezogenen Piazza dei Signori im Herzen der Stadt machte den Architekten schlagartig berühmt. Er verpasste dem klotzigen Bau aus rotem Ziegelstein anmutige zweistöckige Arkaden aus blendend weißem Marmor und lockerte die Fassade mit Skulpturen und Säulen auf. In den Laubengängen der „Basilica" reihen sich winzige Goldschmieden aneinander, teils in vierter Generation betrieben – Vicenza gilt bis heute als das wichtigste Zentrum der Goldverarbeitung Europas.

Absolut sehenswert: das Teatro Olimpico (siehe S. 45)

Ein weiteres Renaissancejuwel ist das Teatro Olimpico (1580), dessen Fertigstellung Palladio nicht mehr erlebte. Er starb fünf Jahre vor der Eröffnung 1585 im Alter von 72 Jahren. Der venezianische Architekt Vicenzo Scamozzi vollendete den Bau des ersten überdachten Theaters in Europa und schuf ein monumentales Bühnenbild: Die Tore, die man sieht, sind die des antiken Theben, die dahinterliegenden Straßen, die sich mittels raffinierter perspektivischer Täuschung scheinbar tief in den Hintergrund der Bühne erstrecken, jene von Vicenza.

Von Katzen und Stockfischen

„Vicentini magnagati!" (Vicentini, Katzenfresser!) nennen Italiener die Einwohner Vicenzas. Der Spottname aus dem venezianischen Dialekt geht der Legende nach auf das 17. Jahrhundert zurück, als Vicenza zu Venedig gehörte. Um eine Rattenplage zu bekämpfen und damit die Überträger der Pest loszuwerden, schickten die Venezianer 500 *gatti*, Katzen, nach Vicenza. Da die Stadt die Katzen nie wie vereinbart an Venedig zurückgab, kam das Gerücht auf, die Einwohner Vicenzas würden die Tiere verspeisen. Dabei ist *Baccalà alla Vicentina* die Lieblingsspeise der Einheimischen: Eingesalzener Stockfisch, der, 24 Stunden in Wasser eingeweicht, anschließend fünf Stunden in Milch mit Zwiebeln, Anchovis und Grana Padano geköchelt und mit goldgelber Polenta serviert wird. Das Geschäft mit dem getrockneten

Stockfisch in Venetien ist Jahrhunderte alt. Der Baccalà wird bis heute von den Lofoten in Norwegens Norden, wo ihn Kapitän Pietro Querini 1432 während einer Forschungsreise entdeckte, importiert.

Den Tag ausklingen lassen

Besonders stimmungsvoll lässt man einen Tag in Vicenza in einem der urigen Lokale, zum Beispiel auf der Piazza delle Erbe, ausklingen, wo sich schmale Häuser in leuchtendem Pink, Gelb oder Ocker mit hellgrünen Fensterläden in schiefem Winkel aneinanderlehnen – umgeben von großer italienischer Baukunst.

Die Altstadt Vicenzas bezaubert das Auge mit majestätischer Architektur.

oben:
Verwunschener Garten des Teatro Olimpico

unten:
Blick auf die Basilica Palladiana

Zeit für ...

... Vicenzas Top 5

Basilica Palladiana

Palladios Hauptwerk (1546–1549) wird von einem mächtig gewölbten Kupferdach, das an den umgedrehten Rumpf eines Schiffs erinnert, gekrönt und von dem leicht schief stehenden, 80 Meter hohen Torre di Piazza aus dem 12. Jahrhundert flankiert. Mein Tipp: Vom „Café Terrazza" auf der Dachterrasse der Basilica genießen Sie einen schönen Blick über die Piazza dei Signori.

W laterrazzadellabasilica.it

Teatro Olimpico

Der prachtvolle Innenraum mit hölzernen Zuschauerrängen und imposanter Bühne wurde 1580 von Palladio nach dem Vorbild antiker griechischer Theater erbaut. Noch heute finden hier Aufführungen, klassische Konzerte sowie das weithin bekannte Festival „Vicenza Jazz" statt.

A Piazza Matteotti 11
36100 Vicenza (VI)
W teatrolimpicovicenza.it

Il Duomo

Dem großen Backsteinbau mit gotischer Fassade, auch Cattedrale di Santa Maria Annunciata genannt, verlieh Palladio 1565 eine wuchtige Kuppel. Im schlicht gehaltenen Inneren zu bestaunen: Gemälde alter Meister sowie eine Nachbildung des Turiner Grabtuches (Totentuch von Jesus).

A Piazzetta Duomo
36100 Vicenza (VI)

Palladio Museum

In den mit Fresken verzierten Räumen des Palazzo Barbaran da Porto dreht sich alles um das Leben Andrea Palladios. Zu den Ausstellungsstücken zählen: Originalskizzen, wundervolle Modelle seiner Villen sowie antike Bücher.

A Contrà Porti 11
36100 Vicenza (VI)
W palladiomuseum.org

Museo del gioiello

Im ersten Schmuckmuseum Italiens sind über 270 kostbare Werke ausgestellt. Unter den Arkaden der Basilica Palladiana.

A Piazza dei Signori
36100 Vicenza (VI)
W museodelgioiello.it

... kulinarische Einkaufsfreuden

Il Ceppo

Seit über 50 Jahren eine der besten Adressen für Delikatessen in Vicenza. Hier finden Sie Leckereien wie eingelegtes Gemüse, *sorpressa vicentina* (monatelang gereifte Salami), Käse aus Asiago, *mostarda vicentina* (eingelegte Senffrüchte), hausgemachte Torten und Weine. Im Bistro unbedingt probieren: *Baccalà alla Vicentina* mit Polenta.

A Corso Andrea Palladio 196
36100 Vicenza (VI)
W gastronomiailceppo.com

INFO

IAT Vicenza

Hier erhält man unter anderem eine Broschüre, in der alle Palladio-Villen eingezeichnet sind.

A Piazza Matteotti 12 –
Teatro Olimpico
36100 Vicenza (VI)
T (+39 0444) 32 08 54
W vicenzae.org

Bassano del Grappa

Beschwingt am Fluss

Bassano del Grappa liegt zauberhaft am Ufer der Brenta und ist berühmt für die schönste Holzbrücke Venetiens, die sich malerisch über den breiten Fluss spannt. Aber auch für Keramik und die zahlreichen Grappa-Brennereien. An einem Gläschen Schnaps kommt hier niemand vorbei.

Ein Ausflug nach Bassano del Grappa lohnt sich – und sei es nur, um über die überdachte Holzbrücke Ponte Vecchio zu flanieren. Das spektakuläre Bauwerk, 1569 nach Entwürfen des Meisterarchitekten Andrea Palladio errichtet, ist das Wahrzeichen der Stadt und beeindruckt durch vier strömungsgünstig geformte Fundamente, die wie Schiffsbüge durch das rauschende Wasser zu pflügen scheinen. Seit ihrem Wiederaufbau durch die örtlichen *Alpini*, die Gebirgsjäger, nach dem Zweiten Weltkrieg nennen Einheimische die Brücke auch Ponte degli Alpini. Das kleine Museo del Ponte am Brückenkopf, untergebracht in der Bar degli Alpini mit winzigem Holzbalkon hoch über der Brenta, erinnert an die aufwendige Restaurierung. Bassano del Grappa ist in ganz Italien bekannt für Grappa, ein Destillat aus Pressrückständen der Weinherstellung, nach dem es allerdings nicht benannt ist. Als Namenspate fungiert der nahe gelegene 1.775 Meter hohe Monte Grappa, der Ende des Ersten Weltkriegs Schauplatz erbitterter Schlachten zwischen Österreichern und Italienern war.

Grappa zu jeder Tageszeit

Direkt am östlichen Brückenkopf der Ponte Vecchio hat sich die älteste Grappa-Brennerei Italiens angesiedelt: die „Distilleria di Aquavita Nardini", seit 1779 im Besitz der Familie Nardini. Die Stube der urigen Grapperia sieht noch so aus wie vor über 200 Jahren, mit blank polierter Theke, dunkler Holzvertäfelung, offenem Kamin und uralten Werkzeugen. Hier kann man in gemütlicher Atmosphäre gemeinsam mit Einheimischen – an Grappa nippt man in Bassano zu jeder Tageszeit – die Hausmarken verkosten und kaufen. Besonders stimmungsvoll am frühen Abend, wenn die Ponte Vecchio zum verlängerten Gastgarten der urigen Grapperia mutiert und ein Getränk in rauen Mengen ausgeschenkt wird: der hauseigene Aperitif Mezzoemezzo, ein Bitterlikör aus Rhabarber und Zitrusfrüchten, der hier Kult ist.

Einzigartig:
die Ponte Vecchio

Nur wenige Meter neben der Holzbrücke lädt die historische Poli-Destillerie (seit 1898) bei freiem Eintritt ein, ihr liebevoll gestaltetes Museo della Grappa – das einzige Schnapsmuseum Italiens – zu besuchen. Ausgestellt sind historische Destillierapparate aus Kupfer, antike Schriften zur Grappaproduktion und eine Sammlung seltener Miniatur-Grappafläschchen. An „Duftstationen" lassen sich die Aromen von 20 verschiedenen Destillaten erschnuppern. Im angeschlossenen Shop kann man die Favoriten verkosten und natürlich kaufen.

Grappa ist ein beliebter ammazzacaffè (ammazzare = töten), ein Digestif, der den Geschmack des Espressos nach dem Essen „abtötet" und durch einen stärkeren ersetzt.

Durch die Altstadt bummeln

Wem der Sinn nicht nach Hochgeistigem steht, bummelt in das *centro storico*. Dort stößt man auf lang gezogene Plätze wie die Piazza Garibaldi, auf der sich die sehenswerte Chiesa di San Francesco mit freskenverzierter Eingangsloggia sowie der 40 Meter hohe Torre Civica aus dem 13. Jahrhundert erheben. Letzterer kann bestiegen werden. In den schmalen Seitengassen mit Renaissancepalazzi und Laubengängen reihen sich Souvenirläden eng aneinander – bestückt mit allerlei Kuriositäten, hauptsächlich aus Majolika-Keramik, für die Bassano fast ebenso berühmt ist wie für seinen Schnaps. Im eleganten Palazzo Sturm aus dem 18. Jahrhundert, direkt an der Brenta, ist ein sehenswertes Keramikmuseum untergebracht, wo eine wertvolle Majolika- und Porzellansammlung sowie ein Druckereimuseum zu bestaunen sind.

Bassano del Grappa ist besonders abends lebendig: Das Leben der Einheimischen spielt sich zwischen der Piazza della Libertà und der Piazza Garibaldi ab. Die Caffè-Bars, Kneipen und kleinen Restaurants sind so einladend, dass man gerne länger verweilt, um an langen Tischen regionale Delikatessen wie den berühmten weißen Spargel aus Bassano, *pasta e fagioli*, Nudeln mit Bohnen oder *fegato alla veneziana*, Kalbsleber mit Zwiebel auf Polenta, zu schmausen – und als *digestivo* Grappa zu trinken!

Beeindruckend: die Chiesa San Francesco

INFO

IAT Bassano del Grappa
A Piazza Garibaldi 34
36061 Bassano del Grappa (VI)
T (39 0424) 51 99 17
W vicenzae.org

Zeit für …

… eine Grappa-Verkostung an der Ponte Vecchio

Grapperia Nardini

Eine Besichtigung der ältesten Destillerie Italiens mit Verkostung ist ein Muss für Grappa-Liebhaber. Ebenfalls sehenswert: Das moderne Veranstaltungs- und Forschungszentrum „Bolle Nardini", ein von Architekt Massimiliano Fuksas entworfenes Bauwerk aus riesigen Glaskugeln – außerhalb des historischen Zentrums.

A Ponte Vecchio 2
36061 Bassano del Grappa (VI)
T (+39 0424) 22 77 44
W nardini.it

Poli Museo della Grappa

In dem interaktiven Museum erfährt man alles über die hochprozentige Herstellung des Tresterbrandes. Im Shop gibt's Grappa und Liköre zu verkosten und kaufen. Die unter Denkmalschutz stehende Brennerei Poli (ebenfalls mit Museum) im nahe gelegenen Ort Schiavon kann ebenfalls im Rahmen einer Führung besichtigt werden.

A Via Gamba 6
bei der Ponte Vecchio
36061 Bassano del Grappa (VI)
T (+39 0424) 52 44 26
W grappa.com

… Kostbares aus Papier

Carteria Tassotti

In der nostalgischen Carteria Tassotti werden Papeterie-Fans glücklich. Dekorpapier, Glückwunschkarten, Terminkalender, handgebundene Notizbücher, Lesezeichen, Kunstdrucke mit floralen und botanischen Motiven – alles in der eigenen Druckerei aus dem 17. Jahrhundert hergestellt. Man fühlt sich sofort dazu inspiriert, kreativ tätig zu sein.

A Carteria Tassotti
Via Ferracina 16/18
36061 Bassano del Grappa (VI)
T (+39 0424) 52 30 13
W tassotti.it

Zeit für ...

... eine Einkehr auf der Alm

Ob Ricotta, Morlacco oder Bastardo: Entlang der Strada Cadorna (SP 148) stößt man immer wieder auf Malghe, Almen, in denen man Käse, hausgemacht aus der Milch von Kühen, die auf den Bergwiesen ausschließlich frische Kräuter fressen, verkosten und ab Hof kaufen kann. Viele Almwirte servieren mittags *un tagliere*, eine Brettljause, mit Käse verschiedener Reifegrade, Speck, Soppressa und Brot oder einfache regionale Gerichte wie *gnocchi con ricotta affumicata*, Gnocchi mit geräuchertem Ricotta – besonders köstlich auf der Malga Val dee Foie, Strada Cadorna, 24. Kilometer (die schottrigen Zufahrtswege sind meist unbenannt).

A 31030 Borso del Grappa (TV)
T (+39 329) 663 6067 (Mittagessen am Sonntag, nur gegen Reservierung)

Die Alm Malga Val dee Foie lädt zur Rast ein.

... Geschichte mit Ausblick

Vor über 100 Jahren tobte während des Ersten Weltkriegs auf dem Monte Grappa ein gnadenloser Stellungskrieg zwischen italienischen und österreichisch-ungarischen Soldaten. Heute krönt die monumentale Gedenkstätte Sacrario Militare di Cima Grappa den Berggipfel, die Besucherinnen und Besuchern eindrucksvoll die Absurdität des Krieges vor Augen führt. Wo Soldaten einst verzweifelt Deckung suchten oder mit pochendem Herzen nach gegnerischen Stellungen Ausblick hielten, freut man sich nun über die grandiose Aussicht. Im Norden schweift der Blick weit bis in die Dolomiten, im Süden bis nach Venedig.

Sacrario Militare di Cima Grappa

Die Hauptstraße, die zur Gedenkstätte führt, ist die 1916/17 unter General Cadorna erbaute Strada Cadorna (SP 148). Gesäumt von Kriegsdenkmälern und Mahnmalen, schraubt sich die ehemalige Militärstraße 27 Kilometer lang, steil und kurvig, scheinbar nicht enden wollend, zum Gipfel des Monte Grappa. Folgen Sie den Hinweisschildern „Cima Grappa".

W cimagrappa.it

Das Sacrario Militare di Cima Grappa …

… erinnert an den Ersten Weltkrieg.

Marostica

Schachspielen unter Kirschbäumen

Im mittelalterlichen Städtchen Marostica steigt alle zwei Jahre die wohl berühmteste Schachpartie Italiens, bei der (fast) echte Könige in historischen Kostümen gegeneinander antreten und Ritter auf Pferden über das Spielfeld traben – vor traumhafter Kulisse.

Marostica am Fuß des Hügels Colle Pausolino zeigt sich mit seinen rund 14.000 Einwohnern als kleines Städtchen in Traumlage, nur wenige Kilometer westlich von Bassano del Grappa. Bereits von Weitem erkennt man die knapp zwei Kilometer lange, zinnengekrönte Stadtmauer aus dem 14. Jahrhundert, die sich fast senkrecht bis zur Hügelspitze hinaufzieht und das Castello Superiore, die obere Burg, und hangabwärts die Altstadt gänzlich umschließt. Marostica ist ganzjährig einen Besuch wert, doch seinen größten Zauber entfaltet es im Frühling, wenn Tausende Kirschbäume in zartem Weiß blühen. Für die süße, herzförmige Kirschsorte Ciliegia di Marostica, die als einzige Italiens das Qualitätssiegel IGP (geschützte geografische Angabe) trägt, ist die Stadt weithin bekannt.

Die Sage von der schönen Lionora

Seinen wahren Ruhm verdankt Marostica jedoch der *Partita a Scacchi a personaggi viventi*, einem Schachspiel mit Menschen in historischen Kostümen als Figuren, das alle zwei Jahre am zweiten Septemberwochenende in geraden Jahren stattfindet. Es wird auf einem der schönsten Plätze im Veneto, der Piazza Castello – auch Piazza degli Scacchi genannt – ausgetragen und erinnert an eine Legende aus dem Jahr 1454: Damals verliebten sich die Ritter Rinaldo d'Angarano und Vieri da Vallonara gleichzeitig in die schöne Lionora, die Tochter des Burgherrn Taddeo Parisio, und forderten sich gegenseitig zum Duell heraus. Lionoras Vater wollte unnötiges Blutvergießen vermeiden und beschloss, dass derjenige seine Tochter heiraten darf, der eine Partie Schach mit lebenden Figuren gewinnt. Auch der Verlierer ging nicht leer aus, sondern nahm Lionoras jüngere Schwester Oldrada zur Frau. Zur Feier der glücklichen Doppelhochzeit ließ der Burgherr im ganzen Gebiet Kirschbäume pflanzen.

Das steinerne Schachbrett auf der Piazza Castello ist das Herzstück Marosticas.

Heute, fast 600 Jahre später, ist das Lebendschachspiel ein über die Landesgrenzen hinaus berühmtes Spektakel, das einer aufwendig inszenierten Theateraufführung gleicht: Dabei versammeln sich bis zu 600 Komparsen, die nicht nur in mittelalterlichen Kostümen, sondern gemäß ihrer Rollen auch mit Pferden, gigantischen Fahnen, Ritterrüstungen oder großen Holztürmen auf Rädern über das Schlachtfeld ziehen. Das Schauspiel mit Umzügen, Hofnarren, Jongleuren, Tänzern, Feuerspuckern und krönendem Feuerwerk findet immer abends statt, beginnt am Freitag um 21.00 Uhr und wird am Samstag zur selben Zeit, sonntags um 17.00 und 21.00 Uhr wiederholt. Um Platz für die Tausenden Zuschauer zu schaffen, verwandelt sich der Burgplatz für drei Tage in eine Bühne mit aufsteigenden Tribünen und 3.600 Sitzplätzen.

Marostica ist eines der schönsten Festungsstädtchen Italiens.

Flanieren und bummeln

Über die Piazza Castello zu flanieren lohnt sich auch ohne die berühmte Schachpartie. Unmittelbar neben dem anmutigen Palazzo del Doglione aus dem 14. Jahrhundert, mit zinnengekröntem Turm und Loggia, sitzt man gemütlich im Café, einer Enoteca oder einem Restaurant unter niedrigen Arkaden und schaut auf das imposante Castello Inferiore, dessen prächtig renovierte Säle und kleines Museum – es zeigt ein Sammelsurium mit Kostümen, Waffen und Requisiten für die Schachpartie – man sich nicht entgehen lassen sollte. Rund um die Piazza breitet sich die kleine Altstadt mit lauschigen Laubengängen aus, hervorragend geeignet für einen Bummel, mit oder ohne Shopping-Absichten.

Ein Spektakel: das Schachspiel mit lebenden Figuren

INFO-POINT „LA STAZIONE"

A Viale Stazione 3
36063 Marostica (VI)
T (+39 371) 42 40 125
W visitmarostica.eu

PARTITA A SCACCHI

Die Schachpartie wird am zweiten Wochenende im September in den Jahren mit gerader Jahreszahl von den Bewohnern Marosticas gespielt. Informationen und Tickets:

Associazione Pro Marostica
A Piazza Castello 1
36063 Marostica (VI)
T (+39 0424) 72 127
W marosticascacchi.it

Zeit für …

Die süßen Herzkirschen von Marostica

… eine Partie Schach

Wer sich im Schach üben möchte, schaut abends auf der Piazza Castello vorbei, wo Einheimische auf dem riesigen „Schachbrett" aus rosafarbenen und weißen Marmorplatten in der Platzmitte gerne eine Partie spielen. Überdimensionale Figuren liegen – zur freien Entnahme – unter den Arkaden des Palazzo del Doglione bereit.

… einen Spaziergang zum Castello Superiore

Beim Castello Inferiore auf der Piazza Castello beginnt ein schöner, 3,5 Kilometer langer Spazierweg hinauf zum Castello Superiore. Dabei kann ein Teil der 20 Meter hohen Stadtmauer, der *Cammino di Ronda*, begangen werden – mit fantastischen Ausblicken auf die Altstadt. Eine Wegbeschreibung ist im Tourismusbüro erhältlich.

… ein großes Kirschenfest

An einem Sonntag – Ende Mai, Anfang Juni – steht Marostica Kopf. Dann findet in der Altstadt das berühmte „Festa della Ciliegia di Marostica IGP" mit Markt, gastronomischen Ständen und Unterhaltungsprogramm statt.

W visitmarostica.eu

Die schönsten Villen Venetiens

Kühle Landsitze

Ein geheimnisvoller Zauber liegt über den alten venezianischen Villen. Wie Boten aus einer längst vergangenen Zeit erzählen sie vom Reichtum einer Kultur, in der ihre Besitzer – im Einklang mit der Natur – zu leben wussten. Die Besichtigung dieser Juwele hinterlässt einen unvergesslichen Eindruck.

Über dreitausend herrschaftliche Villen gibt es in Venetien. Ihre genaue Zahl kennt niemand, es sind einfach zu viele, und zu gut verbergen sie sich hinter hohen Mauern, von Rosen umrankten Toren oder inmitten jahrhundertealter Parks. Vor allem im 16. Jahrhundert begannen Adelige und reiche Kaufleute aus Venedig vor der schwülen Hitze und dem Lärm der Serenissima auf das Festland zu flüchten und beauftragten die berühmtesten Baumeister ihrer Zeit, allen voran den Renaissancearchitekten Andrea Palladio (1508 –1580), repräsentative Landsitze in kunstvoll angelegten Gärten zu erbauen. Viele dieser Anwesen sind heute restauriert und können besichtigt werden. Aber welche lohnen wirklich einen Besuch? Hier sind sie – meine Lieblingsvillen:

Wassergraben der Villa Contarini (siehe S. 79)

PROVINZ VICENZA

Villa La Rotonda

Mit der *Villa Almerico Capra* – besser bekannt als *La Rotonda*, nur wenige Kilometer von Vicenza entfernt – schuf Andrea Palladio 1566 seinen berühmtesten Landsitz. Die Villa krönt einen kleinen Hügel und strahlt weithin sichtbar pure Schönheit und Ästhetik aus. „Vielleicht hat die Baukunst ihren Luxus niemals höher getrieben", schrieb Goethe über La Rotonda während seiner ersten Italienreise 1786. Und tatsächlich sollten Sie unbedingt die vier identischen mit Säulen geschmückten Portiken betrachten, die sich den vier Himmelsrichtungen zuwenden und dem quadratischen Kuppelbau ein fast tempelartiges Aussehen verleihen, bevor Sie das Anwesen betreten. Im Inneren begeistert die Villa, die zum UNESCO-Weltkulturerbe zählt, mit Skulpturen von Lorenzo Rubini sowie farbenfrohen Fresken, die Szenen der antiken Mythologie darstellen.

A Via della Rotonda 45
36100 Vicenza (VI)
T (+39 0444) 32 17 93
W villalarotonda.it

Villa Valmarana ai Nani

Blickfang auf der Gartenmauer der *Villa Valmarana* (1669) sind 17 groteske Zwergenstatuen, denen das verwunschene Anwesen seinen Beinamen *ai Nani* (zu den Zwergen) verdankt. Der Legende nach soll hier ein kleinwüchsiges Mädchen gelebt haben, dessen Eltern ausschließlich zwergenwüchsige Bedienstete anstellten, damit sich die Tochter ihrer Kleinwüchsigkeit nicht bewusst wurde. Doch vergebens. Als das Mädchen einen Menschen von natürlicher Größe sah, erkannte sie ihre Andersartigkeit und nahm sich das Leben – und die Bediensteten versteinerten aus Kummer. Das Innere der Villa ist verschwenderisch mit Fresken von Giambattista Tiepolo, die Foresteria (das Gästehaus) mit einem Bilderzyklus von seinem Sohn Giandomenico Tiepolo verziert.

A Via Dei Nani 8
36100 Vicenza (VI)
T (+39 0445) 86 03 58
W villavalmarana.com

PROVINZ TREVISO

Villa di Maser

Die von Weinbergen umgebene Villa di Maser – auch Villa Barbaro genannt – liegt in der Nähe von Asolo. Sie stammt aus dem 16. Jahrhundert, ist ebenfalls ein architektonisches Meisterwerk von Andrea Palladio und als UNESCO-Weltkulturerbe gelistet. Das imposante Herrenhaus mit flankierenden, langgestreckten Wirtschaftsgebäuden ist wegen seiner herrlichen Freskenmalereien von Paolo Cagliari (1528–1588) bedeutend. Der nach seinem Geburtsort Verona Veronese genannte Künstler schuf hier beeindruckende Ornamente, Landschaftsdarstellungen und lebensnahe Figurengruppen. Seit über 500 Jahren exportieren die Schlossherren zudem preisgekrönte Weine in die ganze Welt, die im Weinkeller ganz in der Nähe der Villa verkostet werden können.

A Via Cornuda 7
31010 Maser (TV)
T (+39 0423) 92 30 04
W www.villadimaser.it

Villa Emo

Nach dem Vorbild der Villa di Maser hat Andrea Palladio mit der Villa Emo im nahe gelegenen Städtchen Fanzolo di Vedelago einen majestätischen Bau mit streng symmetrischen Proportionen entworfen, der ebenfalls zum UNESCO-Weltkulturerbe zählt. Das Innere der Villa Emo wurde von Gianbattista Zelotti reich mit mythologischen Figuren, Weinlaub und Girlanden ausgemalt. Im Jahr 2022 diente die Villa Emo als Filmkulisse für den Thriller „Ripley´s Game" mit John Malkovich in der Hauptrolle, nach dem gleichnamigen Roman von Patricia Highsmith.

A A Via Stazione 5
31050 Fanzolo di Vedelago (TV)
T (+39 0423) 47 63 55
W www.villaemo.org

PROVINZ PADUA

Villa Contarini

Die schlossartige Villa Contarini (siehe Fotos S. 10, 56) ist unbedingt ebenfalls einen Besuch wert (Informationen siehe S. 79).

oben:
Fresken von Battista Zelotti
in der Villa Emo

unten:
Die ionische Säulenvorhalle
der Villa Foscari (siehe S. 60)

Villa Pisani

Die „Königin der venezianischen Villen" liegt an den Ufern des Brenta-Kanals und zählt zu den italienischen Nationaldenkmälern. 1720 wurde dieser Bau in Auftrag gegeben, um die Wahl eines Pisani zum Dogen zu feiern. Anfang des 19. Jahrhunderts kaufte Napoleon das schlossartige Anwesen mit 114 Zimmern, von denen heute nur die Prunkräume zu besichtigen sind. Highlight: die monumentalen Deckenmalereien im Tanzsaal, eines der berühmtesten Werke Giambattista Tiepolos.

Mein Tipp: Nehmen Sie sich Zeit, um durch den weitläufigen Park zu flanieren, vorbei an luxuriösen Reitställen und einem der schönsten Heckenlabyrinthe Italiens. Am ersten Sonntag im Monat ist der Eintritt frei.

A Via Doge Pisani 7
30039 Stra (VE)
T (+39 049) 98 01 283
W villapisani.beniculturali.it

Villa Widmann

Die von einem wunderschönen Park umgebene Villa wurde 1719 im Auftrag des persischen Adelsgeschlechts Seriman erbaut. Rund 50 Jahre später erwarb die Kärntner Familie Widmann die Villa und baute sie im Stil des französischen Rokoko komplett um. Marmorsäulen, Kristalllüster aus Muranoglas – jeder der Räume ist individuell gestaltet, prunkvoll und verschwenderisch mit Fresken bemalt, die etwa die *Entführung der Helena* oder die *Opferung der Iphigenie* anschaulich darstellen. Man kann sich noch heute vorstellen, dass die Reichen und Schönen Venedigs damals das *dolce vita* in den riesigen Ballsälen genossen haben.

A Via Nazionale 420
30034 Mira (VE)
T (+39 041) 42 49 73

Villa Foscari

Der elegante quadratische Bau aus dem 16. Jahrhundert trägt den Beinamen *La Malcontena*, „die Unzufriedene", nach einer Dame des Foscari-Clans, die wegen ehelicher Untreue angeblich hierher verbannt wurde. Die auf der UNESCO-Weltkulturerbe-Liste stehende Villa, ist der einzige Palladio-Landsitz am Ufer des Brenta-Kanals. Die Fassade, die sich im Wasser des träge dahinfließenden Brenta-Kanals spiegelt, ist der pompösen Vorhalle eines griechischen Tempels nachempfunden. Im Inneren der Villa leuchtet in strahlenden Farben der Freskenzyklus von Giambattista Zelotti (1526–1578) sowie der „Sturz der Giganten" von Giovanni Battista Franco (1510–1561).

A Via dei Turisti 9
30034 Malcontenta di Mira (VE)
T (+39 041) 52 03 966
W lamalcontenta.com

Prachtvoller Landsitz: die Villa di Maser (siehe S. 58)

Provinz Padua

Die quirlige Universitätsstadt Padua besitzt hochkarätige Kunstschätze, schmückt sich mit gleich zwei UNESCO-Welterbe-Titeln und ist außerdem ein weltberühmtes Pilgerziel. In unmittelbarer Nähe der Stadt locken heiße Quellen der anmutigen Euganeischen Vulkanhügel – Abano Terme ist das wohl größte Thermalgebiet Europas.

Im Stadtzentrum von Padua

Padua

Die unbekannte Schöne

Die Stadt Giottos und des Heiligen Antonius birgt eine der weltweit ältesten Universitäten, bezaubert mit schönen Renaissancepalästen und belebten Plätzen. Neben dem Botanischen Garten zählt Paduas Freskenreichtum zum UNESCO-Weltkulturerbe.

Padua ist eine noble Stadt voller kunstgeschichtlicher Highlights, aber auch eine lebenslustige Metropole voller Studenten, die rund ein Viertel der 210.000 Einwohner ausmachen. „Padovani, tutti dottori", „Padovani, alle Doktoren", sagt man in Italien und meint die Einwohner, denn die Stadt birgt eine der ältesten Universitäten der Welt. Schon Galileo Galilei (1564–1642) hat hier 18 Jahre lang gelehrt und im berühmten Teatro Anatomico mit seinen engen, steilen Sitzreihen wurden Ende des 16. Jahrhunderts zum ersten Mal in Europa Leichen vor großem Publikum zu wissenschaftlichen Zwecken seziert. Der Botanische Garten der Hochschule, einer der ältesten der Welt, begeisterte schon Goethe und inspirierte den Dichterfürsten während seiner Italienreise zu seinen naturgeschichtlichen Betrachtungen.

Von Markt zu Markt flanieren

Wer unter nicht enden wollenden Arkaden mit Cafés und Restaurants, Boutiquen und Antiquitätengeschäften ins *centro storico* bummelt, wird freudig feststellen: Im Herzen Paduas, auf den lang gestreckten Marktplätzen Piazza delle Erbe und Piazza della Frutta, geteilt durch den Palazzo della Ragione mit verspielten Loggien und mächtigem Dach, das einem umgedrehten Schiffsrumpf gleicht, trubelt kaum touristisches Leben. Es sind vor allem Einheimische, die sich zu Füßen des einstigen Gerichtsgebäudes von 1218 auf dem täglich stattfindenden Lebensmittelmarkt mit Vorräten für die Woche eindecken. Über Zehnerbündeln von Artischocken und dicken Fenchelknollen Rezepte austauschen, um anschließend in der Markthalle im Erdgeschoß des Palazzo della Ragione in den vielen kleinen Delikatessgeschäften, aus denen *Baccalà*, Stockfisch, ganze Käselaibe und Prosciutto-Keulen quellen, auszuwählen.

Die Piazza delle Erbe

Danach begibt man sich in das nur wenige Schritte entfernte Café Pedrocchi, seit 1831 eine Institution und eines der berühmtesten Kaffeehäuser Italiens. Dort bestellt man klassischerweise „un caffè Pedrocchi", einen Espresso mit einer Schicht kalter Sahne verfeinert mit Minzsirup. Auch wenn das Café heute nicht mehr 24 Stunden geöffnet hat wie einst, seine unverwechselbare Atmosphäre hat es behalten. In der Sala Verde können Besucher bis heute ohne Konsumzwang Platz nehmen und genüsslich in Zeitungen oder Büchern schmökern.

Die von Wasserstraßen durchzogene Stadt birgt hochkarätige Kunstschätze.

Hochkarätige Kunstschätze bewundern

Die Padovani sind stolz auf ihre Stadt, die 1997 (Botanischer Garten) und 2021 für ihre großartigen Freskenzyklen aus dem 14. Jahrhundert – sie sind in mehreren Gebäudekomplexen der Altstadt zu bestaunen – auf die Liste des UNESCO-Weltkulturerbes kam. Wie in so vielen italienischen Städten sind in Padua alle Sehenswürdigkeiten bestens zu Fuß zu erreichen, zum Beispiel die mit spitzen Giebeln, orientalisch anmutenden Türmchen und acht Kuppeln verzierte Basilica di Sant'-Antonio. Hier ruhen die sterblichen Überreste des heiligen Antonius von Padova (1195 in Lissabon geboren, 1231 in Padua verstorben). „Il Santo", der Heilige, nennen die Einheimischen den Schutzpatron ihrer Stadt schlicht, der als einer der beliebtesten Heiligen der Christenheit unter anderem für Glück in der Ehe oder das Wiederauffinden verloren gegangener Dinge angerufen wird. Entsprechend groß ist der Zustrom der Pilger: Die Wallfahrtskirche zählt zu den acht internationalen christlichen Heiligtümern – die Verleihung des Titels ist dem Papst vorbehalten. Kulturelles Highlight der Stadt ist aber die kleine Cappella degli Scrovegni, deren Innenraum bis zur Decke mit herrlichen Fresken auf tiefblauem Hintergrund von Giotto di Bondone (1267–1337) geschmückt ist und Szenen vor allem aus dem Leben Marias und Jesus Christi erzählen – eines der bedeutendsten Kunstwerke Italiens.

Bühnenreif: Prato della Valle

Zu jedem Padua-Besuch gehört das Flanieren über einen der größten innerstädtischen Plätze Europas: den ovalen Prato della Valle, umspült von einem Wasserkanal und flankiert von 78 Statuen. Wenn der Tag in den Abend übergeht und sich Alt und Jung, Jogger, Radfahrer, Hundebesitzer oder Liebespaare zwischen Springbrunnen, Brücken und Grünflächen tummeln, dann ist Aperitivo-Zeit. Nach einem anstrengenden Sightseeing-Tag schmeckt ein Glas Aperol-Spritz, der übrigens in Padua erfunden wurde, besonders gut. Der abends romantisch beleuchtete Prato della Valle ist ein perfekter Ort, um die Eindrücke dieser schönen Stadt nachwirken zu lassen.

Cappella degli Scrovegni: Freskenzyklus von Giotto

Zeit für …

… Paduas Top 7

Piazza delle Erbe

Der täglich (außer Sonntag) stattfindende Markt auf der Piazza delle Erbe ist einer der schönsten Obst- und Gemüsemärkte Italiens. In der Markthalle des Palazzo della Ragione gibt's auch Fisch, Meeresfrüchte, Fleisch, Käse. Zur Aperitivo-Zeit steht man vor den vielen kleinen Lokalen Schlange.

Cappella degli Scrovegni

Einer der bedeutendsten Schätze der Kunstgeschichte und UNESCO-Welterbe. Planen Sie den Besuch langfristig und reservieren Sie via Internet. Besucher werden blockweise eingelassen und dürfen 15 Minuten in der Kapelle verweilen.

A Piazza Eremitani 8
35121 Padua (PD)
W cappelladegliscrovegni.it

Basilica di Sant'Antonio

In der Basilika (13. Jahrhundert) liegt der Leichnam des Heiligen Antonius. Bedeutendste Reliquie: die Zunge des Heiligen, an der die Zeit anscheinend spurlos vorüberging.

A Piazza del Santo 11
35123 Padua (PD)

Palazzo Bo

Beherbergt das Hauptgebäude von Paduas mittelalterlicher Universität, die nur im Rahmen einer Führung besichtigt werden kann. Das berühmte Teatro Anatomico (1595), der älteste Anatomielehrsaal der Welt, ist sehenswert.

A Via VIII Febbraio 2
35122 Padua (PD)
T (+39 049) 82 73 939
W unipd.it

Orto Botanico

Der älteste botanische Garten der Welt wurde 1545 auf Geheiß von Venedigs Herrschern angelegt und ist UNESCO-Welterbe. Er erstreckt sich auf rund 22.000 Quadratmetern und beherbergt über 6000 Pflanzenarten.

A Via Orto Botanico 15
35123 Padua (PD)
W ortobotanicopd.it

Caffè Pedrocchi

Nicht nur Espresso und *dolci*, Süßes, bekommt man im legendären Café. Heute ist hier durchgehend Betrieb – bis zum Aperitivo und Abendessen à la carte.

A Via VIII Febbraio 5
35122 Padua (PD)
T (+39 049) 87 81 231
W caffepedrocchi.it

Mini-Kreuzfahrt nach Venedig

Auf dem Brenta-Kanal mit Start in Padua. Vorbei an den eleganten Villen des 16. bis 19. Jahrhunderts (siehe Seite 56). Anbieter:

W Burchiello:
ilburchiello.it
W Delta Tour:
deltatour.it oder
W Battelli del Brenta:
www.battellidelbrenta.it

Die Bootstour dauert einen ganzen Tag, die Rückfahrt erfolgt mit dem Bus.

INFO

Ufficio IAT Galleria Pedrocchi

A Vicolo Cappellato
Pedrocchi 9
35122 Padua (PD)
T (+39 049) 52 07 415
W turismopadova.it

Ufficio IAT Basilica del Santo
A Piazza del Santo
35123 Padua (PD)
T (+39 049) 52 07 415

Terme Euganee

Auszeit im Heilwasser

Die Euganeischen Hügel sind vulkanischen Ursprungs und seit Jahrhunderten für heilenden Fango und heißes Thermalwasser bekannt. Abano Terme und Montegrotto Terme gelten als die größte und schönste Thermenregion Italiens.

Nicht nur Kranke auf der Suche nach Linderung von Rheuma- und Gelenksschmerzen, Gefäß- oder Atemswegsproblemen, sondern auch kerngesunde Wellness- und Aktivurlauber strömen alljährlich nach Abano Terme und Montegrotto Terme, um in den über 100 eleganten Hotels der mondänen Städtchen zu kuren: In teils hochmodernen Wellnesspalästen, wahren Kathedralen des Wohlbefindens mit eigenen Thermalquellen, beeindruckenden Wasserlandschaften, prunkvollen Bädern und wunderschönen Parks. Seit der Antike sprudelt rund um die Orte Abano und Montegrotto 87 Grad heißes Thermalwasser aus 2.000 bis 3.000 Kilometern Tiefe aus der Erde, angereichert mit wertvollen Mineralien und Spurenelementen, wie zum Beispiel Salz, Brom oder Jod. Ein idealer Cocktail, um sich mit dem heilenden *fango*, Schlamm, zu bedecken, der aus fester Tonerde, Thermalwasser sowie Mikroorganismen besteht und etwa 50 bis 60 Tage in speziellen Becken reift. Behandlungen mit den wärmenden Schlammpackungen sollen unter anderem Muskelverspannungen lösen, Entzündungen hemmen und entschlacken.

Abano Terme

Dampfende Auszeit in der Terme Preistoriche Resort & Spa

Das Gesicht des modernen Kurorts ist von seinen zahlreichen Hotels geprägt, ein malerisches *centro storico* gibt es nicht. Dafür mehrere gepflegte grüne Oasen wie den Städtischen Thermalpark, gestaltet von Paolo Portoghesi, einem der bedeutendsten zeitgenössischen Architekten, oder den kleinen Parco del Montirone, mit einem von Giuseppe Jappelli (Architekt des berühmten Café Pedrocchi in Padua, siehe Seite 65) entworfenen monumentalen Säuleneingang. Die Fußgängerzone Viale delle Terme, das Herz der Kleinstadt, erstreckt sich von der Piazza Fontana mit hübschem Springbrunnen bis zum Parco del Montirone und ist gesäumt von prachtvollen Gebäuden wie dem Grand Hotel Orologio (18. Jahrhundert), das, seit Jahren geschlossen, einen morbiden Charme versprüht, oder dem noblen, von hohen Palmen flankierten Hotel Trieste & Victoria direkt gegenüber. Elegante Restaurants, Geschäfte und Boutiquen: In der ruhigen Stadt gibt es all das auf höchstem Niveau. Absolut sehenswert sind die Piazza del Sole e della Pace im nördlichen Teil der Stadt mit einer im Boden eingelassenen Sonnenuhr, die zu den größten in Europa zählt, sowie das Museo Internazionale della Maschera in der Via Savioli 2, in dem Theatermasken aus der ganzen Welt zur Schau gestellt sind (siehe Seite 158).

Montegrotto Terme

Der zweite große Kurort in den Terme Euganee, Montegrotto Terme, geht fast nahtlos in Abano Terme über, sodass eher die Wahl des passenden Hotels als der Ort selbst bestimmt, wo man residiert. Schon die Römer wussten, dass es kaum etwas Besseres für das körperliche Wohlbefinden gibt als ein Bad in einem dampfenden, leicht nach Schwefel riechenden Becken. Davon zeugt die Ausgrabungsstätte in der Via degli Scavi, in der antike Thermalwasserrohre, Ruinen eines

Aquädukts, Kanäle und Fundamente einiger Gebäude sowie eines antiken Theaters zu besichtigen sind. Das mondäne Montegrotto versprüht einen ähnlichen Charme wie Abano Terme: Man kann an zahlreichen Geschäften, Boutiquen und Lokalen vorbeiflanieren, auf den Hügel wandern, auf dem der mächtige Duomo di San Pietro aus dem 20. Jahrhundert thront, oder im ersten Schmetterlingshaus Italiens, der Casa delle farfalle (auch Butterfly Arc genannt) in der Via Scavi 21, über 400 dieser zarten Kreaturen aus allen Teilen der Welt, die hier herumflattern, hautnah erleben.

Naturparadies Colli Euganei

Die Euganeischen Hügel begeistern nicht nur mit ihren heißen heilenden Quellen. Das Gebiet, seit 1989 als Naturpark „Parco Regionale dei Colli Euganei" ausgewiesen, ist ein Eldorado für Wanderer und Radfahrer. Geschichtsinteressierte und Architekturfans kommen hier ebenso auf ihre Kosten wie Golfspieler. Nur wenige Autominuten von Abano Terme entfernt befinden sich drei der schönsten Golfplätze Venetiens. Broschüren und Karten verteilen die Tourismusbüros.

W parcocollieuganei.com

TERME EUGANEE

Fünf Thermalbäder gibt es. Abano Terme und Montegrotto Terme (die Hauptorte), Battaglia Terme, Galzignano Terme und Teolo.

W visitabanomontegrotto.com

IAT Abano Terme
A Via Pietro d'Abano 18
35031 Abano Terme (PD)
T (+39 049) 86 69 055
W abano.it

IAT Montegrotto Terme
A Viale Stazione 56
35036 Montegrotto Terme (PD)
T (+39 049) 89 28 311

GOLFEN IN DEN EUGANEISCHEN HÜGELN

Golfclub Frassanelle
W golffrassanelle.it

Golf della Montecchia
W golfmontecchia.it

Golf Terme di Galzignano
W golfgalzignano.it

Zeit für ...

Venezianer schätzen die Vulkanhügel als Naherholungsziel.

... die Abbazia di Praglia

Die mächtige Klosteranlage, im 11. Jahrhundert errichtet und eine der größten Italiens, liegt nur wenige Kilometer westlich von Abano Terme. Der Weg dorthin lohnt sich für diejenigen, die die farbenprächtigen Fresken von Giovanni Battista Zelotti, die vier stimmungsvollen Kreuzgänge, das Refektorium mit prächtigem Chorgestühl sowie die Bibliothek mit mehr als 100.000 Bänden bestaunen wollen.

A Via Abbazia di Praglia
35037 Teolo (PD)
T (+39 049) 99 99 309
W praglia.it

... das Castello del Catajo

Im 16. Jahrhundert entstand das Schloss del Catajo nördlich von Battaglia Terme, das einer gewaltigen Befestigungsanlage gleicht. Ein (kleiner) Teil der über 300 Zimmer kann im Rahmen einer Führung besichtigt werden. Highlight: der Grande Salone im Piano Nobile, der wie die meisten Säle verschwenderisch mit Fresken von Giambattista Zelotti geschmückt ist. Den herrlichen Park darf man auch alleine durchstreifen.

A Via Catajo 1
35041 Battaglia Terme (PD)
T (+39 349) 93 47 190
W castellodelcatajo.it

... das Castello San Pelagio

mit prunkvollen Sälen, einzigartigem Luftfahrtsmuseum Museo del Volo (siehe S. 84) und duftendem Rosengarten.

Arquà Petrarca

Besuch im Dichterhaus

Der große italienische Dichter Petrarca verbrachte seinen Lebensabend in dem bildhübschen Städtchen Arquà Petrarca und ist in einem Sarkophag vor der Kirche Santa Maria Assunta bestattet. Das Haus, in dem er lebte, ist heute ein kleines Museum – sehenswert!

Arquà Petrarca ist ein Dörfchen wie aus dem Bilderbuch am Fuße des Monte Ventolone. Seine gewundenen Gässchen, von schlanken Zypressen umrahmten Plätze und mittelalterlichen Häuser mit Natursteinmauern, winzigen Fenstern und verspielten Bögen machen es zu einem der *borghi più belli d'Italia*, schönsten Dörfern Italiens (siehe Themenseite 34). Es ist umgeben von den Colli Euganei, kegelförmigen Hügeln vulkanischen Ursprungs, überzogen mit dichten Kastanien-, Eichen- und Buchenwäldern, Weinreben und Olivenhainen – ein Erholungsgebiet, in das Familien aus der nahe gelegenen Stadt Padua an Wochenenden gerne ausschwärmen.

La Casa del Petrarca

„Ich entfliehe der Stadt wie einem lebenslänglichen Gefängnis und beschließe, in einem einsamen kleinen Dorf, in einem lieblichen kleinen Haus, das von einem Olivenhain und einem Weinberg umgeben ist, zu wohnen", schrieb der im toskanischen Arezzo geborene Francesco Petrarca (1304–1374), der bereits zu Lebzeiten wie kein anderer Dichter seiner Epoche gefeiert wurde. Er liebte diesen Landstrich und kam im fortgeschrittenen Alter nach Arquà Petrarca, um in einem kleinen Steinhaus, das ihm 1369 der befreundete Francesco il Vecchio da Carrara – damaliger Herrscher von Padua – schenkte, seinen Lebensabend zu verbringen. Die Casa del Petrarca steht im *borgo alto*, dem oberen Ortsteil, von Arquà Petrarca und ist gut zu Fuß von der Piazza Petrarca im *borgo basso*, unteren Ortsteil, erreichbar. Nach einem kurzen Anstieg erreicht man die bezaubernde Piazza San Marco mit markantem Glockenturm, der Loggia dei Vicari (13. Jahrhundert) und dem Oratorio Santissima Trinità, dessen Ursprünge auf das 12. Jahrhundert zurückgehen – werfen Sie einen Blick hinein, es birgt ein wertvolles Gemälde von Palma il Giovane (1626).

Das Haus Petrarcas ist von einem Garten umgeben, in dem der Dichter einst Wein, Oliven, Äpfel und Kräuter kultivierte. Vier Jahre verbrachte er mit Tochter Francesca, Schwiegersohn und Enkelin hier, eine kleine Fotoausstellung erzählt aus seinem Leben. Über eine Treppe betritt man das Obergeschoß, das im 16. Jahrhundert mit Fresken, die sich auf Werke des Dichters wie „Canzoniere", „Trionfi" oder „Africa" beziehen, geschmückt wurde. Erhalten sind nur noch zwei originale Möbelstücke Petrarcas: Ein mit Intarsien verzierter Stuhl, ein Bücherschrank sowie ein Schatzkästchen gefüllt mit Erde seines Heimatdorfs Arezzo, ausgestellt in einer Vitrine.

Das mittelalterliche Örtchen ist idealer Ausgangspunkt für Wanderungen auf den Monte Ventolone.

La tomba del Petrarca

Im *borgo basso*, dem unteren Ortsteil, thront der Sarkophag des berühmten Dichters aus rotem Veroneser Marmor vor der weithin sichtbaren Chiesa Santa Maria Assunta. Der Sarkophag wurde im Laufe der Jahrhunderte mehrmals aufgebrochen: Im Jahr 1630 stahl ein venezianischer Geistlicher den rechten Arm des toten Petrarca, er ist seitdem spurlos verschwunden. Kurz vor dem 700. Geburtstag des Poeten machten italienische Forscher, die den Leichnam im Jahr 2004 auf seine Echtheit überprüften, eine makabre Entdeckung: DNA-Analysen ergaben, dass der Schädel im Grab des Dichters von einer Frau stammt. Der Rest des Skeletts soll hingegen das von Petrarca sein. Vermutet wird Folgendes: In reichen Familien des 17. und 18. Jahrhunderts habe man mit Leidenschaft die Schädel berühmter Personen gesammelt und sie aus ihren Gräbern geraubt. Es ist daher nicht ausgeschlossen, dass sich Petrarcas Schädel seit Jahrhunderten wohlbehütet in Privatbesitz befindet. Ein Appell der Wissenschaftler, den Schädel der Öffentlichkeit zurückzugeben, blieb bis heute ungehört.

Genuss pur

Neben Geschichte, Kultur und Kunst kommt auch der Genuss in den Euganeischen Hügeln rund um Arquà Petrarca nicht zu kurz. Der Boden ist besonders fruchtbar, und so bauen Winzer in dem kleinen Gebiet großartige Weine an, viele mit dem Gütesiegel DOC (kontrollierte Herkunft) oder DOCG (kontrollierte und garantierte Herkunft), die man in den ansässigen Weinkellereien verkosten kann. Und in den Trattorien kommen regionale Spezialitäten wie *mousso* (im Dialekt: Esel) *e polenta*, Eselfleischragout mit Polenta, zarter Spargel aus Padua oder hauchzarter Prosciutto Veneto Berico Euganeo auf den Tisch. Wer Entspannung und Erholung fernab touristisch ausgetretener Pfade sucht, ist hier ganz richtig.

Petrarcas liebliches kleines Steinhaus (siehe S. 73)

CASA DEL PETRARCA

A Via Vallesella 4
35032 Arquá Petrarca (PD)
T (+39 0429) 71 82 94
W arquapetrarca.com

Zeit für ...

Der Sarkophag des wortgewaltigen Dichters – mitten auf dem Dorfplatz

... einen Ausflug in die Colli Euganei

Sie laden mit vielen Wander-, Rad- und Reitwegen zum Entspannen, Erkunden und Genießen ein. Spektakuläre Aussichtspunkte, kleine Seen, Olivenhaine, Weingüter und verträumte Orte voller Kunst und Geschichte inklusive. Informationen (Wander- und Radrouten, geführte Touren durch die Weinberge ...) unter:

W parcocollieuganei.com

... das Festungsstädtchen Este

Der hübsche Ort am Rande der Euganeischen Hügel war ab dem frühen Mittelalter Stammsitz der gleichnamigen Dynastie. Bis heute ist das Städtchen von einer beeindruckenden zinnengekrönten Mauer umgeben. An Geschichte Interessierte besuchen das Castello Carrarese mit herrlichem Park und dem Museo Nazionale Atestino am Parkeingang, das reichhaltige Funde aus frühgeschichtlicher und römischer Zeit birgt.

... einen der schönsten Gärten Italiens

Rund sieben Kilometer von Arquà Petrarca befindet sich bei Valsanzibio die Villa Barbarigo (siehe Themenseite 82), umgeben vom kunstvoll angelegten Giardino Valsanzibio mit Teichen, Kaskaden, Alleen, Statuen und Heckenlabyrinth.

W valsanzibiogiardino.com

Cittadella

Spazieren auf der Stadtmauer

Der mittelalterliche Mauerring des Städtchens Cittadella ist komplett erhalten und dank eines Wehrgangs begehbar. Ein Rundgang in 15 Metern Höhe ist atemberaubend schön – und einzigartig in Italien.

Die kleine Stadt Cittadella, 35 Kilometer nördlich von Padua, besitzt eine der schönsten Stadtbefestigungen Europas: Fast märchenhaft erscheinen die vier imposanten mittelalterlichen Tore, die in die Altstadt führen, benannt nach den Städten Bassano, Padua, Vicenza und Treviso, deren Himmelsrichtungen sie sich zuwenden. Sie sind Teil der ovalen, 15 Meter hohen Stadtmauer, die Cittadella seit 1220 umschließt und schützt, scheinbar gebaut für die Ewigkeit. Cittadellas Hauptattraktion geht auf eine alte Feindschaft zurück: Die Einwohner Paduas bauten die Mauer, um Angriffe aus dem bedrohlich nahen Castelfranco Veneto – der Festungsanlage der Trevisianer – abzuwehren. Heute fallen glücklicherweise nur noch Touristen ein, um das Städtchen auf dem rund eineinhalb Kilometer langen Wehrgang, flankiert von 28 Türmen, gegen den Uhrzeigersinn zu umrunden: Rechts die abgerundeten Zinnen der Stadtmauer, links ein etwa brusthohes Geländer – an Höhenangst sollten Sie nicht leiden. Ein markanter Blickfang ist der Torre di Malta an der Porta Padova im Süden, dem einstigen Haupteingang der Stadt. Der grausame Feudalherr Ezzelino III. aus Romano ließ den Turm 1251 als Gefängnis bauen. Unliebsame Bürger stieß er – festgebunden an ihre Pferde – kurzerhand von 30 Metern Höhe in die Tiefe. Wer den Sturz überlebte, verhungerte. Sogar Dante Alighieri erwähnte das berüchtigte Gefängnis in seiner Divina Commedia, Göttlichen Komödie. Heute beherbergt der Torre di Malta ein interessantes archäologisches Museum, in dem Fundstücke aus der Bronzezeit bis hin zur Renaissance zur Schau gestellt sind, und wer die Turmterrasse erklimmt, wird mit einer großartigen Aussicht auf versteckte Gärten der Privathäuser in der Altstadt, die Euganeischen Hügel im Süden, weiter zu den Festungsstädten Marostica und Asolo und im Norden bis hin zum Monte Grappa belohnt.

Beim Rundgang auf der Stadtmauer bietet sich eine atemberaubende Aussicht.

TOURISTINFO IAT

Befindet sich im ersten Stock des nördlichen Wehrturms Porta Bassano. Hier startet der (gebührenpflichtige) *Camminamento di Ronda*, der Mauerrundgang. Im Sommer werden geführte Touren auf der Stadtmauer angeboten, zum Beispiel mit Musik bei Sonnenuntergang.

A Via Porte Bassanesi 2
35013 Cittadella (PD)
T (+39 049) 94 04 485
W visitcittadella.it
Cittadella-Card:
muradicittadella.it

European Best Destination 2023

Das renommierte Reiseportal „European Best Destinations“ hat Cittadella auf Platz fünf zu einer der 20 besten Reiseziele in Europa für 2023 gekürt. Kunst-Highlights sind der Duomo (1774–1826), in dessen *campanile*, Glockenturm, das neu eröffnete Museo del Duomo untergebracht ist mit Gemälden berühmter Maler wie Jacopo Bassano (16. Jahrhundert) sowie das Teatro Sociale in der Via Indipendenza 19. Ein neoklassisches Kleinod mit beeindruckenden Freskenmalereien von Francesco Bagnara (1784–1866), der das Teatro La Fenice, das Opernhaus in Venedig, ausschmückte. Nach einer Sightseeingtour könnte ein Abend in Cittadella so aussehen: Die Sonne geht langsam unter, man genießt einen Aperol-Spritz und die für Venetien typischen *cicchetti*, kleinen Häppchen, in einem der vielen netten Lokale – mit Blick auf die beleuchtete Stadtmauer.

Sehenswert: die Pinacoteca im Dommuseum

Zeit für …

Ein Aufstieg zur Stadtmauer in luftiger Höhe lohnt sich.

… eine Villa wie aus dem Bilderbuch

Die schlossartige Villa Contarini in Piazzola sul Brenta, 20 Kilometer von Cittadella entfernt, zählt zu den größten im Veneto und ist ein Muss für Kunstliebhaber (siehe Fotos Seite 10, 56). Der Zentralkörper des Anwesens von 1546 gilt als Werk des Renaissancearchitekten Andrea Palladio, die mit Balustraden und Statuen verzierten Flügel kamen im 17. und 19. Jahrhundert dazu. Highlights: Die mit prunkvollen Fresken geschmückten Säle wie Mosaik-, Majolika- oder Jagdzimmer, Ballsaal oder die Treppe der Giganten. Voranmeldung nötig.

A Via Luigi Camerini 1
35016 Piazzola sul Brenta (PD)
T (+39 049) 55 90 347
W villacontarini.eu

… den wohl schönsten Flohmarkt Italiens

Jeden letzten Sonntag im Monat verwandeln bis zu 800 Aussteller die halbkreisförmige Piazza Paolo Camerini direkt vor der Villa Contarini in einen ganztägigen Flohmarkt, an dem Edles und Skurriles feilgeboten wird – vor traumhafter Kulisse.

… Castelfranco Veneto

Das schmucke mittelalterliche Städtchen – rund 15 Kilometer von Cittadella entfernt – ist Geburtsort des Malers Giorgione (15. Jahrhundert) und besitzt ebenfalls eine vollständig erhaltene Backsteinmauer mit Wachtürmen und Wassergraben – ein Abstecher lohnt sich.

DOMUS DEI ET PORTA COELI

Gartenlabyrinthe mit Stil

Grüne Irrwege

Ein geheimnisvoller Zauber liegt über Labyrinthen: Seit Jahrtausenden versinnbildlichen sie die Suche des Menschen nach dem rechten Weg im Leben. Diese Idee wurde auch in den Gärten der feudalen Villen im Veneto gerne umgesetzt – sechs Labyrinthe und ihre Geschichte.

VERONA

Labirinto di Villa Giusti: Verona

Vom Giardino Giusti (siehe Seite 18), einem der schönsten Renaissancegärten Italiens, waren schon Goethe, Mozart, Kaiser Joseph II. oder Zar Alexander angetan. Garten und Palazzo sind seit dem 15. Jahrhundert im Besitz der Grafenfamilie Giusti und stehen Besuchern offen. Eine schnurgerade Zypressenallee führt zu einem von niedrigen Buchsbaumhecken gesäumten Labyrinth, in dem man sich zwar nicht verirren, dafür aber lustwandeln kann. Kieswege im Giardino treffen sich an einem Treppenturm, von dem man eine herrliche Aussicht auf die Stadt Verona hat, in großem Bogen umflossen von der Etsch.

A Via Giardino Giusti 2
37129 Verona (VR)
T (+39 045) 80 34 029
W giardinogiusti.com

PROVINZ VERONA

Labirinto del Parco Giardino Sigurta: Valeggio sul Mincio

Den 60 Hektar großen Park – er zählt zu den schönsten Europas – können Besucher zu Fuß, per Fahrrad, Bummelzug oder Golf-Cart erkunden (siehe Foto S. 85). Im Jahr 2011 wurde das 2.500 Quadratmeter große Labyrinth, entworfen vom berühmten britischen Designer für Irrgärten, Adrian Fisher, eingeweiht. Zahlreiche Sackgassen und Umwege, gesäumt von zwei Meter hohen Eibenhecken, sorgen dafür, dass Umherirrende garantiert die Orientierung verlieren. In der Mitte erhebt sich ein von einer Kuppel gekröntes Türmchen. Wer es erreicht, hat das Rätsel des Labyrinths gelöst. Von der Turmspitze genießt man einen wunderbaren Blick auf die Geometrie des Labyrinths und die Skaligerburg in Valeggio sul Mincio. Ein Tipp: Im Frühling blüht hier eine Million Tulpen.

Das Labyrinth im Giardino Valsanzibio

A Via Cavour 1
37067 Valeggio sul Mincio (VR)
T (+39 045) 63 71 033
W sigurta.it

PROVINZ PADUA

Labirinto di Valsanzibio: Galzignano Terme

Ein Meisterwerk der Gartenbaukunst ist der Giardino Valsanzibio aus dem 17. Jahrhundert, der sich vor der noblen Villa erstreckt. Kardinal Gregorio Barbarigo war es, der den führenden Architekten des Vatikans, Luigi Bernini, inspirierte, ein Labyrinth anzulegen, das den spirituellen Weg des Menschen zu Läuterung und Vollkommenheit symbolisiert. Das *labirinto* mit rund 6.000 Buchsbäumen zählt zu den ältesten Europas. Auf verschlungenen Pfaden, die nach den sieben Todsünden benannt sind, verliert oder findet der Mensch sich selbst, so die Idee.

A Via Diana 2
35030 Valsanzibio di Galzignano Terme (PD)
T (+39 340) 08 25 844
W valsanzibiogiardino.com

PROVINZ PADUA

Labirinti del Castello San Pelagio: Due Carrare

Das mittelalterliche Schloss ist in Privatbesitz und beherbergt ein einzigartiges Museum über die Luftfahrt, schon im prächtigen Park empfangen Flugzeuge, Hubschrauber oder Kampfmaschinen die Besucher. Hier soll sich der Literat Gabriele d'Annunzio 1917–1918 aufgehalten haben, als er seinen gewagten Doppeldeckerflug ins feindliche Wien vorbereitete, um Flugblätter mit von ihm verfassten Texten abzuwerfen. Eines der beiden Labyrinthe, das „forse si, forse no (vielleicht ja, vielleicht nein) ist d'Annunzio gewidmet: Ein Spiegelspiel in der Mitte spielt auf das „Doppeldeutige" des umstrittenen Nationalhelden an. Das zweite Labyrinth gedenkt dem Mythos Ikarus, der eingeschlossen im Labyrinth Knossos versucht hatte, mit Flügeln aus Federn und Wachs zu entkommen, jedoch ins Meer gestürzt war.

A Via San Pelagio 50
35020 Due Carrare (PD)
T (+39 049) 91 25 008
W castellosanpelagio.it

VENEDIG

Labirinto Borges: Isola San Giorgio Maggiore

Auf der stillen Insel San Giorgio Maggiore gegenüber dem Markusplatz in Venedig wird der große argentinische Schriftsteller Jorge Luis Borges geehrt. Das Labyrinth wurde zu Ehren seines 25. Todestages vom Labyrintharchitekten Randoll Coate im alten Kloster San Giorgio Maggiore angelegt und steht Besuchern erst seit Juni 2021 offen. Zwischen 3.000 etwa einen Meter hohen Buchsbaumbüschen verstecken sich Hinweise auf Borges: sein Spazierstock, seine Sanduhr sowie sein Alter, als er starb (86).

Mein Tipp: Von der Aussichtsplattform des Glockenturms von San Giorgio Maggiore öffnet sich ein atemberaubend schöner Blick auf die Altstadt Venedigs, fernab vom Touristentrubel. Das Labyrinth kann nur im Rahmen einer Führung besichtigt werden.

A Isola San Giorgio (VE)
T (+39 366) 42 02 1818
W visitcini.com

Der Parco Sigurta, einer der schönsten Parks Norditaliens (siehe S. 83)

PROVINZ VENEDIG

Labirinto Pisani: Stra

Die Villa Pisani (siehe Seite 60), die imposanteste Villa in Venetien und italienisches Nationaldenkmal, wurde im 18. Jahrhundert für die Dogenfamilie Pisani gebaut. Anfang des 19. Jahrhunderts erwarb Napoleon das prunkvolle Anwesen, das vor allem für seinen märchenhaft schönen Park und sein Labyrinth berühmt ist. Entworfen hat es der Paduaner Architekt Girolamo Frigimelica de' Roberti nach Vorbild eines Labyrinths des französischen Schlosses Versailles. Ziel der Irrwege ist *la torretta*, ein kleiner Turm, der über die hohen Buchsbaumhecken herausragt. Eine Wendeltreppe führt an seiner Außenmauer auf eine Aussichtsterrasse, von der man die neun konzentrischen Kreise des Labyrinths überblicken kann – den verschlungenen Weg dorthin muss man jedoch erst finden. Zurzeit ist das Labyrinth wegen Renovierung auf unbestimmte Zeit geschlossen.

A Via Doge Pisani 7
30039 Stra (VE)
T (+39 049) 50 20 74
W villapisani.beniculturali.it

oben und rechts:
Im Labirinto Borges gegenüber dem Markusplatz (siehe S. 84)

Provinz Rovigo

Rovigo ist ein sympathisches Provinzhauptstädtchen mit ehrwürdigen Palazzi und schönen Plätzen. Besonders reizvolle Ziele in der südlichsten Provinz Venetiens sind die Privatinsel Albarella mit ihren über 2000 Ferienunterkünften oder das stille Po-Delta, dessen unberührte Natur man am besten mit dem (E-)Bike, Kanu oder Boot erkundet.

Patina und Flair: Rovigo

Rovigo

Kunstsinnige Stadt mit Charme

Die ruhige Provinzhauptstadt liegt mitten im Polesine – einer flachen, grünen Landschaft, eingeschlossen von den Flüssen Etsch und Po. Außerhalb Venetiens kaum bekannt, überrascht Rovigo mit schönen Plätzen und unerwarteten Kunstschätzen.

Ein Bummel durch das überschaubare historische Zentrum des 52.000-Einwohner-Städtchens beginnt am besten bei den Giardini di Piazza Matteotti, dem Park auf dem gleichnamigen Platz. Hier ragen zwei pittoreske Backsteintürme, Reste einer Befestigungsanlage, in den Himmel: Der 21 Meter hohe Torre Grimani und der 51 Meter hohe Torre Donè, einer der höchsten mittelalterlichen Türme Italiens, der sich – dem sumpfigen Untergrund geschuldet – leicht zur Seite neigt. Weiter über den Corso del Popolo trifft man nur wenige Gehminuten entfernt auf den etwas versteckt liegenden Duomo Santo Stefano (1696), der mit einer mächtigen Backsteinfassade beeindruckt und im Inneren Freskenreste aus dem 15. Jahrhundert sowie Altarbilder von Jacopo Palma il Giovane und Andrea Michieli, auch Vicentino genannt, birgt.

Piazza Vittorio Emanuele II

Herz der Stadt ist die kopfsteingepflasterte Piazza Vittorio Emanuele II, umringt von eleganten Palazzi mit hübschen Fassaden und hohen venezianischen Straßenlaternen. Hier sitzt man gemütlich im Café oder Restaurant unter lauschigen Arkaden und schaut auf den Palazzo Municipale mit seinem Torre dell'Orologio (Uhrturm), die anmutige Loggia dei Nodari, das heutige Rathaus, oder den majestätischen Palazzo Rovella, einen hohen Backsteinbau mit weißen Säulen, in dem die Pinacoteca – Accademia dei Concordi untergebracht ist mit einer der schönsten Sammlungen venezianischer Malerei des 14. bis 18. Jahrhunderts. Ein Highlight ist das 22 (!) Meter lange Gemälde „Panorama di Venezia" (1887), das Venedig vom Wasser aus zeigt, von Giovanni Biasin.

Am Ende der Piazza, wo sich eine weiße Marmorsäule mit geflügeltem Markuslöwen an der Spitze erhebt, kommt man unmittelbar auf die weitläufige Piazza Garibaldi, über die der berühmte Kämpfer als monumentales Reiterdenkmal wacht. Wer hier auf den Boden blickt, erkennt die weißen Umrisse der mittelalterlichen Chiesa di Santa Giustina, die im 18. Jahrhundert abgerissen wurde. Unbedingt einkehren sollte man in das elegante Cafè Borsa (seit 1902) mit seinen pistaziengrünen Wänden, um sich wie die Rodigini – so heißen die Einwohner der Stadt – ein Tässchen *caffè* und verführerische Mehlspeisen, wie etwa hausgemachte *nebbie*, runde, süße Teilchen prall gefüllt mit Schokoladen-, Pistazien- oder Zabaionecreme, die es nur hier gibt, zu gönnen.

Ein hübsches Städtchen, in dem man ganz unter Einheimischen sein kann.

La Rotonda

„Die Runde" nennen Einheimische den Tempio della Beata Vergine del Soccorso (1594–1602), das auffälligste Gebäude Rovigos auf der lang gezogenen von Pinien gesäumten Piazza XX Settembre. Die Wallfahrtskirche mit ihrem 57 Meter hohen, frei stehenden Campanile hat eine ganz eigene Anmutung, denn Baumeister Francesco Zamberlan, ein Schüler Andrea Palladios, legte den Grundriss achteckig an. Schön ist der außen rundherum verlaufende, ebenfalls achteckige Säulengang. Das Innere der Kirche gleicht eher einer Gemäldegalerie als einem Gotteshaus: Über 70 Gemälde aus dem 16. bis 18. Jahrhundert sowie in Gold eingerahmte Heiligenstatuen schmücken in drei Reihen übereinander die nach außen hin gewölbten Wände. Ein Blickfang ist das Bild der Madonna del Soccorso am Hochaltar, die von Einheimischen als wundertätig verehrt wird. Ein großes Kuppelbild stellt die Pest in Rovigo dar, deren Ende einem der vielen Wunder, die die Madonna vollbracht haben soll, zugeschrieben wurde.

Ausflüge in die Umgebung

In Rovigo kann man entspannt einen ganzen Tag verbringen, die Stadt ist zudem ein idealer Ausgangspunkt für Ausflüge in die flache beschauliche Landschaft des Polesine. Ein lohnendes Ziel ist zum Beispiel das rund 18 Kilometer weit entfernt kleine Dorf Fratta Polesine. Während der Herrschaft der Serenissima ließen sich hier Adelsfamilien prächtige Landsitze erbauen, wie etwa die zwischen 1556 und 1563 von Andrea Palladio entworfene Villa Badoer, die zum UNESCO-Weltkulturerbe zählt und besichtigt werden kann.

Anmutig: die Chiesa La Rotonda

Zeit für ...

... Top 7 in und um Rovigo

Tempio della Beata Vergine del Soccorso

Eine echte Rarität, die im Inneren einer barocken Gemäldegalerie gleicht.

A Piazza XX Settembre 37
45100 Rovigo (RO)
W tempiolarotonda.it
(Nur auf Italienisch! Öffnungszeiten beachten!)

Pinacoteca – Accademia dei Concordi

Eine der bedeutendsten Gemäldegalerien Norditaliens mit Werken von Meistern wie Giovanni Bellini oder Giambattista Tiepolo; Bibliothek (über 300.000 Bücher) und sehenswerte archäologische Funde.

A Via Laurenti 8/10
45100 Rovigo (RO)
T (+39 0425) 46 00 93
W palazzoroverella.com

Museo dei Grandi Fiumi

Modernes „Museum der großen Flüsse", untergebracht im schönen Kloster Olivetano di San Bartolomeo. Gegenstände der Bronze- und Eisenzeit bis hin zur Renaissance sowie multimediale Installationen erzählen anschaulich – auch für Kinder spannend – vom Leben der Menschen nahe am Wasser.

A Piazzale S. Bartolomeo 18
45100 Rovigo (RO)
T (+39 0425) 28 665
W museograndifiumi.it

Etwas außerhalb der Stadt:

Villa Badoer

Nach Plänen von Andrea Palladio erbaute Villa (um 1554) mit interessantem archäologischem Museum in einem Seitengebäude. Rund 18 Kilometer von Rogivo entfernt und an Wochenenden zu besichtigen.

A Via Giovanni Tasso 1
45025 Fratta Polesine (RO)
T (+39 0426) 66 23 04
W villabadoer.it und visit-fratta.it

Abbazia della Vangadizza

Schönes ehemaliges Kloster der Kamaldulenser am Ortsrand von Baida Polésine, dessen Ursprünge auf das 10. Jahrhundert zurückgehen, mit leicht schräg stehendem Glockenturm, stimmungsvollem Kreuzgang und freskengeschmückter Kapelle. Voranmeldung nötig!

A Via Cigno 109
45021 Badia Polesine (RO)
T (+39 347) 72 43 810

Antiche Distillerie Mantovani

In der in sechster Generation geführten Distillerie Mantovani können Sie hausgebrannte Liköre (Aperitif, Digestif) verkosten und kaufen: von Grappa bis hin zu Feigen-, Lakritz- oder Olivenöl-Likören. Mit kleinem Museum und Gästehaus zum Übernachten.

A Via G. Matteotti 1001/1
45020 Pincara (RO)
T (+39 348) 75 43 42
W distilleriemantovani.it

Radweg Rovigo – Bibione

Der 250 Kilometer lange Radweg „Litoranea Veneta" führt entlang der Küste in fünf Etappen (teils mit Fährverbindungen) von Rovigo nach Bibione: Rovigo – Adria – Chioggia – Cavallino Treporti – Caorle – Bibione. Vorbei an Stränden, Pinienwäldern und Flamingos im Po-Delta. Informationen und Routenkarte:

W veneto.eu (unter „Was tun?" und „Langsamer Tourismus")

INFO

IAT ROVIGO

A Piazza Vittorio Emanuele II 2
45100 Rovigo (RO)
T (+39 0425) 20 62 06
W visitrovigo.it

Adria

Namensgeberin des Meeres

Das ruhige Adria war einst einer der größten Häfen an der Küste des Meeres, das seinen Namen trägt. Kaum vorstellbar, denn heute liegt das Städtchen 25 Kilometer weit im Landesinneren, im Norden des Po-Deltas.

Die 18.800-Einwohner-Stadt, rund 20 Kilometer östlich von Rovigo entfernt, befand sich einst direkt am Meer. Seine Blütezeit erlebte Adria vor mehr als 2.500 Jahren, als etruskische und griechische Handelsleute aus einer Pfahlbausiedlung den bedeutendsten Hafen der Region – Hatria (später: Adria) – machten, der so wichtig wurde, dass er einem ganzen Meer seinen Namen gab. Im Lauf der Jahrhunderte jedoch schwemmte der Po so viel Kies und Schlamm mit sich, dass sich das Po-Delta 25 Kilometer weit ins Meer hinausschob. Heute trennt der große Parco Naturale Regionale Veneto del Delta del Po – UNESCO-Biosphärenreservat und Welterbe – Adria vom Meer.

Touristisch gesehen liegt das Städtchen noch im Dornröschenschlaf. Allzu viele Sehenswürdigkeiten gibt es nicht, ein Zwischenstopp lohnt sich trotzdem – und sei es nur für einen Bummel im überschaubaren Zentrum oder auf der Uferstraße des träge dahinfließenden Canal Bianco, den Besuch der Cattedrale oder die Erkundung der Museen.

Corso Vittorio Emanuele II

Mittelpunkt der Stadt ist der lange Corso Vittorio Emanuele II, der sich von der hübsch gepflasterten Piazza Garibaldi mit dem Dom und Palazzo dell'Orologio – wer genau hinsieht, entdeckt das Stadtwappen Adrias auf dem winzigen Balkon – Richtung Süden erstreckt. Er ist gesäumt von niedrigen Häusern mit schmiedeeisernen Balkonen, Geschäften, einladenden Straßencafés und Konditoreien, in denen man sich mit den für Adria typischen *biscotti* „Esse adriese", s-förmigen Keksen aus Mehl, Butter, Eiern und Milch, vor einem Streifzug durch die Stadt stärken kann. Und zwar so, wie die Adriesi, Einheimischen, es lieben: *inzuppato*, eingetunkt, in *caffè latté* oder *vino rosso* – je nach Tageszeit.

Archäologische Schätze in beschaulicher Umgebung: Adria

Museo Archeologico Nazionale

Größte Sehenswürdigkeit der Stadt ist die hochkarätige Sammlung des Archäologischen Museums. In verschiedenfarbig ausgeleuchteten Vitrinen sind rund 6.000 wertvolle Exponate zur Schau gestellt: Etruskische Bronzen, Bernstein und Juwelen, attische Keramik mit roten und schwarzen Figuren, Waffen, Geschirr oder Werkzeuge. Anschaulich und modern erzählt das Museo die Geschichte der Stadt Adria: Angefangen von der Entstehung des Hafens im 6. Jahrhundert vor Christus über die Besiedelung durch die Etrusker und Griechen, die römische Epoche bis in die Zeit des frühen Mittelalters. Man bleibt einfach ohne Worte, wenn man auf die außergewöhnliche Sammlung von Glas aus der Römerzeit blickt, die international berühmt ist und so zeitgenössisch aussieht, als hätte sie ein heutiger Designer kreiert.

Ein Highlight der Sammlung ist die etruskische Tomba della Biga (Grab des Zweigespanns, siehe Bild Seite 97), die 1938 bei Arbeiten am Flussbett des Canal Bianco, der die Stadt in ihrer ganzen Länge durchfließt, gefunden wurde: die Überreste eines zweirädrigen Streitwagens

(Biga) sowie drei Pferdeskelette orientalischer Rasse von mächtiger Statur, wahrscheinlich aus dem 3. Jahrhundert vor Christus. Das archäologische Museum zu entdecken ist ein Erlebnis – auch für Kinder spannend.

Sehenswerte Kirchen

Nur wenige Gehminuten vom archäologischen Museum entfernt erhebt sich in der Via Bocchi die große Backsteinkirche Basilica Santa Maria Assunta, auch Chiesa della Tomba genannt, aus dem 18. Jahrhundert mit weißer Barockfassade und hohem, venezianischem Campanile – ein Werk des Architekten Giambattista Scarpari. Sehenswert im Inneren sind das achteckige Taufbecken aus dem 7. bis 8. Jahrhundert sowie wertvolle Gemälde aus dem 15. bis 16. Jahrhundert. Weiter über den Corso Vittorio Emanuele II gelangt man in nördlicher Richtung, den schilfgrünen Canale Bianco überquerend, zur Cattedrale dei Santi Pietro e Paolo auf der Piazza Garibaldi. Der Dom der Stadt aus dem 19. Jahrhundert zählt zu Italiens Nationalmonumenten und birgt ein sehenswertes modernes Dommuseum mit zahlreichen liturgischen Kostbarkeiten sowie die Überreste einer antiken Kirche.

Das Tor zum Po-Delta

Adria ist ein erstaunlich ursprüngliches Stück Italien. Es gibt keine Touristenfallen oder Souvenirshops, dafür Obst- und Gemüsehändler sowie Tante-Emma-Läden. Aber wahrscheinlich ist es genau das, was den Charme des ruhigen Städtchens ausmacht. La Porta del Delta del Po, Tor zum Po-Delta, wird Adria genannt, denn von hier erreicht man in etwa 30 Autominuten den Parco Naturale Regionale Veneto del Delta del Po – ein beliebtes Naturschutz- und Erholungsgebiet, durchzogen von zahlreichen Kanälen, Rad- und Wanderwegen.

Alleine das Archäologische Museum lohnt einen Zwischenstopp.

Zeit für ...

... das Museo della Cattedrale

Sehenswertes Dommuseum direkt neben der Kathedrale der Heiligen Pietro e Paolo mit Kelchen aus Silber und Gold, liturgischem Gewand, Terrakottafiguren, Altarfragmenten und freskenverzierter Krypta (8.–9. Jahrhundert).

A Piazzetta Campanile
45011 Adria (RO)
T (+39 0426) 21 725
W cattedraleadria.it

... das Museo Archeologico Nazionale

Eines der bemerkenswertesten Museen im Veneto mit über 6.000 Fundstücken.

A Via Giacomo Badini 59
45011 Adria (RO)
T (+39 0426) 21 612
W parcodeltapo.org

Tomba della Biga im Museo Archeologico Nazionale

... Rosolina Mare

Ein Abstecher in den beliebten Ferienort Rosolina Mare lohnt sich. Hier finden Sie einen breiten Sandstrand mit schönen Dünen, Strandbars- und Restaurants. Quirlig, aber fernab vom Trubel in Jesolo & Co. Rund 30 Kilometer von Adria entfernt.

W veneto.eu

INFO

Tourist Büro Proloco Adria
A Piazza Cavour (in der Galerie des Stadttheaters Teatro Comunale), 45011 Adria (RO)
T (+ 39 0426) 21 675
W prolocoadria.it

Isola di Albarella

Urlaub in der Lagune

Eine kleine Privatinsel mit Jachthafen, Golfplatz und kilometerlangem Strand: Klingt nach einem Urlaubsdomizil des internationalen Jetsets? Weit gefehlt! Albarella ist eine Insel für jedermann und das perfekte Reiseziel für aktive Urlauber und Familien.

Schon die Fahrt auf der elf Kilometer langen Dammstraße zur Isola di Albarella, die vor Rosolina Mare aus dem Wasser ragt, macht glücklich. Sie führt durch die einsame, von verzweigten Flussarmen durchzogene Lagunenlandschaft des Naturschutzgebiets Po-Delta. Albarella – im Besitz des italienischen Stahlkonzerns Marcegaglia – ist europaweit die einzige für Touristen erschlossenene Privatinsel und von der Außenwelt regelrecht abgeriegelt. Nur wer an der Schranke am Ende der Straße einen Inselausweis (eine Magnetkarte) vorzeigen kann, darf das Eiland betreten – die rund 2.300 Privateigentümer eines Feriendomizils oder Urlauber, die hier eine Unterkunft gebucht haben. Ein privater Sicherheitsdienst wacht rund um die Uhr strikt darüber, dass keine Tagesgäste vom Festland auf die fünf Kilometer lange und 1,5 Kilometer breite Isola kommen und beispielsweise im Hochsommer die Strände überfüllen.

Wie aus der Zeit gefallen

Angekommen auf Isola di Albarella kommt schnell das Gefühl auf, in eine noch heile Welt einzutauchen: Über breite, flache Rad- und Spazierwege flitzen Hasen, auf dem Grün des 18-Loch-Golfplatzes zwischen Lagune und Strand traben Damhirsche und in den malerischen Süßwasserkanälen, die die Insel durchziehen, führen Reiher, Wildgänse und rosafarbene Flamingos ein entspanntes Leben. Autos sind kaum zu sehen, sie dürfen, wo sie erlaubt sind, mit höchstens 30 Stundenkilometern fahren. Beliebteste Fortbewegungsmittel sind Fahrräder, E-Bikes, Golfcarts oder E-Scooter, die überall vermietet werden. Zudem chauffieren zwei *trenini*, Bimmelbähnchen, Urlauber gratis zum Strand, zum Jachthafen mit rund 450 Stellplätzen, in das kleine Einkaufszentrum oder zum öffentlichen Schwimmbad Centro Sportivo mit Kinderbecken, Relax-Pools, Wasserrutschen, Poolbar, großer Liegewiese und künstlich aufgeschüttetem Strand. Hundeliebhaber müssen auch im Urlaub nicht auf ihren Liebling verzichten: Am Strand des Hotels Capo Nord gibt es eine Bau-Bau-(Wau-Wau auf Italienisch)-Spiaggia, einen Hundestrand mit Agility-Park und Hundeliegen samt Sonnenschirmen.

Wohl einer der schönsten Golfplätze Venetiens

Sport und Relax

Mit mehr als zwei Millionen Bäumen bewaldet – darunter die Silberpappel, Populus alba (lateinisch), der die Insel ihren Namen verdankt – ist Albarella eine Oase, wenn sich glühende Mittagshitze wie eine Glocke über das Belpaese stülpt und der breite, über zwei Kilometer lange Sandstrand – 2023 erneut für seine Sauberkeit mit der *Bandiera Blu*, blauen Flagge, ausgezeichnet – ist selbst im Hochsommer nicht überfüllt. Wer nicht den ganzen Tag auf dem *lettino*, Liegebett, sonnenbaden will, findet in der Hauptsaison ein großes Sportangebot: Segeln, Surfen, SUP, Tauchen, Reiten, Bogenschießen, Minigolf, Kletterparcour, über 20 Tennisplätze sowie ein umfangreiches Animationsprogramm für Groß und Klein (Mini-Club, Junior-Club, Babydisco). Für Kinder und Jugendliche wurde kürzlich „AlbarellaLand" eröffnet, ein ökologisch nachhaltiger Abenteuerspielplatz, bestehend aus Riesenschaukeln,

Holztürmen, Dschungelparcours, Karussells und Wasserspielen. Entspannt ausklingen lässt man einen Urlaubstag in einer der einladenden Beachbars bei einem *aperitivo*, mit Blick auf die unendliche Weite des Meeres und die vielen vorbeiziehenden Motor- und Segelboote. Abends locken Pizzerien und Restaurants, viele stimmungsvoll am Wasser gelegen, wo vor allem fangfrischer Fisch, Miesmuscheln aus der nahe gelegenen Bucht Scardovari, Meeresschnecken oder *moeche* (winzige Krabben, die sich in der Häutungsphase befinden und samt Beinchen, Scheren und weicher Schale verzehrt werden) auf den Tisch kommen.

Unterkünfte in allen Preisklassen

Als Urlaubsdomizile können luxuriöse Villen (für zwei bis zehn Personen) mit bodentiefen Panoramafenstern, bis zu fünf Badezimmern, Privatpool und Garten, Doppel- oder Mehrfamilienhäuser mit oder ohne Pool, bunte Reihenhäuschen mit Tennisplatz zur gemeinschaftlichen Nutzung, Apartments mit stylisher oder zweckmäßiger Einrichtung oder zwei Vier-Sterne-Hotels (das Hotel Capo Nord direkt am Strand und das Hotel Golf am Golfplatz) gewählt werden. Trotz der Vielfalt der Unterkünfte behält die Insel selbst im Hochsommer ihre Ruhe – ein idealer Ort für eine entspannte Auszeit vom Alltag.

Isola Albarella aus der Vogelperspektive

ISOLA DI ALBARELLA

Buchbar ist ein Aufenthalt auf der Insel bei diversen Reiseveranstaltungen oder direkt über Albarella Marcegaglia Turism.

A Via Po di Levante 4
45010 Rosolina (RO)
T (+39 0426) 33 26 00
W albarella.it

Stimmungsvoll: der Hafen der Insel

Zeit für …

… einen Bootsausflug

In der Hauptsaison legen vom Jachthafen Boote in das Po-Delta, nach Chioggia (siehe Seite 122) oder Venedig (siehe Seite 112) ab. Alternativ kann man Boote mit oder ohne Bootsführerschein mieten, Informationen und Buchung:

W albarella.it
T (+ 39 348) 26 53 245

Po-Delta

Unentdecktes Italien

Das Delta del Po ist eines der größten Feuchtbiotope Europas. Mit verschlungenen Flussarmen, Teichen, Dünen, Sandbänken und einsamen Fischerhütten eine herbe, ganz eigene Landschaft – melancholisch im Morgendunst, romantisch bei Sonnenuntergang.

Breit und grün und träge strömt Italiens längster Fluss auf seinen letzten Kilometern durchs Land. Bei Rovigo, kurz vor der Mündung in die Adria, teilt er sich in viele Arme, unzählige Wasseradern durchziehen sein Delta, das sich bis in die benachbarte Region Emilia-Romagna ausdehnt. Obwohl 1999 von der UNESCO zum Welterbe und 2015 zum Biosphärenreservat erklärt, steckt der Tourismus in dieser weiten, vom Wasser immer neu geschaffenen und geformten Landschaft noch in den Kinderschuhen. Das liegt wohl auch daran, dass der bezaubernde Landstrich mit dem Auto kaum zu erkunden ist, viel geeigneter sind Rad, E-Bike, Kajak oder Boot.

Birdwatching

Stundenlang kann man auf dem Wasser oder flachen, schmalen Dammwegen unterwegs sein und die Landschaft mit fast hypnotischer Wirkung geruhsam vorbeiziehen lassen: Nicht enden wollende Auen, lichte Pappelwäldchen, seichte Fischteiche, die graugrün, graublau oder graugelb im Sonnenlicht schimmern, verästelte Kanäle, wie hingetupft verlassene Bauerngehöfte oder *casoni*, alte Fischerhütten, mit riesigen aufgespannten Netzen in der Meeresbucht Sacca degli Scardovari, über die sich ein gewaltiger Himmel wölbt. Dort eine Gruppe Kormorane im Dickicht, hier eine Silbermöwe im Sturzflug oder ein Fischreiher am Ufer, reglos und geduldig. Man hört Seidenreiher kreischen, Frösche um die Wette quaken und das Platschen von Stockenten, die sich ins Wasser stürzen. Rund 370 Vogelarten haben Ornithologen hier gezählt, darunter: Uferschnepfen, Tüpfelsumpfhuhn, Zwergdommeln, Säbelschnäbler, Blässhühner, Knäk-, Löffel- oder Pfeifenten und natürlich die berühmten *fenicotteri*, Flamingos, die hier zu Hunderten im seichten Brackwasser staksen, um mit ihren gebogenen Schnäbeln Algen und kleine Krebse aus dem Schlamm zu picken. Wenn sie zum Flug abheben, wirken sie wie eine flatternde rosa-orangefarbene Wolke.

Idealer Ausgangspunkt

Porto Tolle, eingeschlossen von den Flussarmen Po di Maistra und Po di Gnocca, ist ein idealer Ausgangspunkt für ausgedehnte Ausflüge in das Po-Delta. Hier starten zahlreiche (Rund)Wege sowie organisierte Bootstouren. Sollte einen nach einer langen Radtour die Sehnsucht nach einem Bad im Meer überkommen, findet man den lang gezogenen Sandstrand Spiaggia di Boccasette, der 2023 erneut von der FEE Italien (Foundation for Environmental Education) für die Sauberkeit des Wassers mit der *Bandiera Blu*, blauen Flagge, ausgezeichnet wurde. Herrlich ausklingen lässt sich ein Tag im Po-Delta in einem der guten Fischlokale direkt am Wasser, wo man Spezialitäten wie duftende Tagliolini mit den in ganz Venetien bekannten Mies- oder Venusmuscheln aus der Bucht Sacca degli Scardovari oder Aal – mariniert, als Risotto oder gegrillt – probieren kann.

Delta des Po: melancholisch im Morgennebel, eine ganz eigene Landschaft

Zeit für …

… eine Bootsfahrt

Wer die verzweigten Wasserwege erkunden möchte, bucht eine der geführten Bootstouren, zum Beispiel bei Navigazione Marino Cacciatori (mit Rad- und E-Bike-Verleih):

A Via Giacomo Matteotti 304
45018 Porto Tolle (RO)
T (+39 334) 70 35 765
W marinocacciatori.it

… eine Radtour

E-Bikes (Trekking-, Mountain-, Citybikes, Helme, Kindersitze, sogar Kühltaschen etc.) sowie geführte Touren finden Sie zum Beispiel bei e-Bike Delta del Po.

A Via Po di Tolle 22 D
45018 Porto Tolle (RO)
T (+39 389) 48 09 980
W ebikedeltadelpo.it

… das Museo Regionale della Bonifica di Ca' Ventramin

Eindrucksvoller Zeuge erster Versuche, das sumpfige Po-Delta trockenzulegen, ist dieses historische Pumpwerk mit seinem 60 Meter hohen Schornstein. Darin sind unter anderem mächtige Dampfmaschinen mit Schaufelrädern und Pumpen ausgestellt.

A Via Veneto 38
45019 Taglio di Po (RO)
T (+39 0426) 81 219

… Parco Naturale Regionale Veneto del Delta del Po

Der Parco umfasst den in Venetien liegenden Teil des Po-Deltas mit den Gemeinden Adria, Ariano nel Polesine, Corbola, Loreo, Papozze, Porto Tolle, Porto Viro, Rosolina und Taglio di Po.

W parcodeltapo.org

BESUCHERZENTREN

Ufficio IAT Rosolina Mare
A Piazzale Europa/Centro Congressi
45010 Rosolina Mare (RO)
T (+39 0426) 68 012
W veneto.eu

Ufficio IAT Porto Tolle
A Piazza Ciceruacchio 1
45018 Porto Tolle (RO)
T (+39 0426) 81 150
W visitdelta.eu

IAT Porto Viro
A Piazza Matteotti 3
45014 Porto Viro (RO)
T (+39 331) 26 89 698

So schmeckt Venetien

A tavola!

Die Küche Venetiens gilt als leicht und bekömmlich. Auf der Speisekarte stehen fangfrischer Fisch, Meeresfrüchte und Reis, der rund um den Ort Isola della Scala angebaut wird, ganz oben. Aber auch deftige Fleischgerichte und Polenta zählen zu den regionalen Spezialitäten.

Über kein Thema unterhalten sich Italiener lieber als über das Essen. *Mangiare* bedeutet im Belpaese mehr als bloße Nahrungsaufnahme. Essen ist eine Leidenschaft, die im fröhlichen Kreis von Familie oder Freunden zelebriert wird und einen beträchtlichen Teil des Tages einnehmen kann. Hausgemachte Gerichte, gezaubert aus frischen, saisonalen Produkten der Region, genießen einen hohen Stellenwert. Das ist auch in Venetien so. Sieht man von manchen Hotelküchen oder Restaurants ab, die sich dem touristischen Gaumen angepasst haben, kann man im Veneto neben Pizza, Spaghetti & Co bodenständige, authentische Küche genießen.

Antipasti, Vorspeisen

Vorspeisen sollen den Gaumen kitzeln – *solleticare il palato*, wie es auf Italienisch heißt. Typisch sind: gegrilltes Gemüse (Melanzane, Zucchini, Radicchio, Fenchel), *Prosciutto crudo con melone*, überbackene Miesmuscheln (*cozze gratinate*), Meeresfrüchtesalat (insalata di mare), gratinierte Jakobsmuscheln (*carpesante gratinate*), Sardinen süß-sauer mit Zwiebeln (*sarde in saor*), cremiges Stockfischmousse (*baccalà mantecato*) oder *un tagliere*, regionale Salami- und Käsesorten – serviert auf einem Holzbrett.

Il Primo, erster Gang

Das heißt meistens Pasta oder Reis, die niemals Beilage, sondern immer ein *primo* sind. Risotto kommt in allen Variationen auf den Tisch: mit jungen Erbsen (*risi e bisi*), mit knackig-rotem Radicchio di Treviso IGP* (zartem Spargel von Bassano IGP, frischen Scampi oder Pilzen; *all'Amarone* (mit kräftigem Rotwein)**, *all'Isolana* (mit Kalbs- und Schweinefleisch) oder *al nero di seppie* (mit schwarzer Tinte vom Tintenfisch). Alternativ bieten sich würzige Fischsuppe (*zuppa di pesce*) und natürlich Pasta an: *Bigoli con le sarde* (dicke, spaghettiähnliche Eiernudeln mit Sardinen), *Bigoli in salsa veneta* (mit einer Sauce aus Sardellen, Zwiebeln, Petersilie, Essig und Öl), *Pasta e fagioli* (dicke Bohnensuppe mit kurzer Pasta), *Tortellini di Valeggio* (mit verschiedenen Fleischsorten gefüllte Teigtaschen) oder *Vermicelli al nero di seppia* (dünne, lange Nudeln) mit Tintenfischtinte.

* (IGP: Indicazione Geografica Protetta = geschützter geografischer Anbau)

** (siehe Seite 33) [Rezept Risotto all'Amarone]

Il Secondo, zweiter Gang

Der Hauptgang besteht fast immer aus Fisch, Krusten- und Schalentieren oder Fleisch. Mutige Touristen probieren *Baccalà alla Vicentina* (eingesalzener Stockfisch mit Sardellen und Zwiebeln, stundenlang in Milch gekocht), gegrillten Aal (*anguilla alla griglia*), in Streifen geschnittene Kalbsleber mit sautierter Zwiebel auf Polenta (*fegato alla veneziana*) oder *Trippa alla Veneta* (Eintopf aus Kutteln). Beliebt sind außerdem: frittierte Makrelen (*filetti di sgombro fritti*), Minikraken (*moscardini in umido*) oder *Fritto misto* (goldgelb frittierte Fische und

Meeresfrüchte), *Faraona al forno* (im Ofen geschmortes venezianisches Perlhuhn) oder Pferdefleischragout und Polenta (*Pastissada de caval*). Polenta wird entweder weich und dampfend zum Beispiel mit *Salsiccia* (würziger Wurst) oder geschmolzenem Käse serviert oder in abgebratenen Scheiben als Beilage.

I Dolci, Dessert

Die Nachspeise ist in vielen Restaurants *fatto in casa*, hausgemacht: Dazu gehören das aus der Stadt Treviso stammende Tiramisu, *Pinsa Veneta* (ein saftiger Brotkuchen aus Maismehl, Brot, Nüssen, Äpfeln, Grappa), *Frittelle alla Veneziana* (eine Art frittierter Mini-Krapfen mit Rosinen, bestreut mit reichlich Zucker), *Biscotti Bussolà*, ringförmige, buttrige Kekse und zu Weihnachten der sternförmige Hefekuchen *Pandoro*, der aus Verona stammt und im Gegensatz zum *Panettone*, der aus Mailand kommt, ohne Rosinen und kandierte Früchte gebacken wird.

Caffè e ammazzacaffè

Nach dem *dolce* genießt man einen *caffè*, Espresso, gefolgt von einem *ammazzacaffè*, zum Beispiel einem Gläschen Grappa aus Bassano del Grappa, um den intensiven Geschmack des Kaffees „abzutöten" (ammazzare = töten) – ein typisch italienischer Brauch.

Il vino, Wein

Die Weine aus Venetien zählen zu den bekanntesten Italiens. Aus dem Valpolicella-Gebiet kommen dunkle, kräftige Rotweine wie Amarone, Valpolicella oder Ripasso. Am Ostufer des Gardasees gedeihen der fruchtige Bardolino sowie der Roséwein Chiaretto und nicht zu vergessen der weiße Soave aus dem gleichnamigen Anbaugebiet zwischen Verona und Vicenza sowie Prosecco Conegliano Valdobbiadene DOCG aus der Provinz Treviso. Achten Sie auf die Gütesiegel DOC bzw. DOCG („kontrollierte" bzw. „kontrollierte und garantierte Ursprungsbezeichnung"), die für eine gewisse Qualität bürgen.

La birra, Bier

Ein Glas vom Fass bestellt man mit *birra alla spina*, ein kleines Bier (0,33) mit *una birra piccola*, ein großes Bier (0,4) mit *una birra media*. Zur Pizza trinken die Italiener übrigens stets Bier.

Typische Antipasti: regionale Salami- und Käsesorten

TISCH GEFÄLLIG?

Reservieren
In beliebten Restaurants sind die Tische – vor allem an Wochenenden – vorreserviert. Diesem Trend muss man sich anpassen oder man nimmt lange Wartezeiten in Kauf.

Platz nehmen
In ganz Italien ist es üblich, am Eingang des Restaurants zu warten, bis man vom *cameriere*, Kellner, einen Platz zugewiesen bekommt – selbst, wenn das Lokal fast leer ist.

Rechnung
Il conto, per favore! Italiener bezahlen *alla romana*, das heißt: Die Rechnung wird pro Tisch ausgestellt, nicht pro Person. Der Gesamtbetrag wird durch alle Anwesenden geteilt. Wenn Sie einzeln bezahlen möchten, sollten Sie das bei der Bestellung sagen. In vielen Restaurants zahlt man direkt an der Kassa.

Trinkgeld
Das hierzulande übliche „Aufrunden" gibt es nicht, Trinkgeld lässt man einfach auf dem Tisch liegen.

Coperto
In fast jedem Lokal werden pro Person zwischen 1,50 € und 3 € für das *coperto*, Gedeck, aufgeschlagen. Dafür steht meist ein Körbchen mit Brot und Grissini auf dem Tisch.

Provinz Venedig

Die Provinz Venedig vereint alle Highlights Italiens auf kleinstem Raum: hochkarätige Kunstschätze in der weltweit einzigartigen Serenissima, die man einfach gesehen haben muss, sowie endlose Strände an der Adria, wo sich Bars, Restaurants und Discos aneinanderreihen. Hier ist im Sommer viel los – genau so, wie es viele im Urlaub mögen.

Stolz der Serenissima: der Markusplatz mit Basilica San Marco, Campanile und Palazzo Ducale

Venedig

Lieblingsplätze der Venezianer

Mehr als 20 Millionen Tagesgäste wälzen sich jährlich durch die Lagunenstadt. Doch die Masse der Besucher bleibt auf den ausgetretenen touristischen Pfaden – wer raus will aus dem großen Rummel, braucht nur in die Nebengassen abzuzweigen, und schon öffnen sich zauberhafte Plätze, wo man das alltägliche Venedig der Venezianer erleben kann.

La Serenissima, die Erlauchteste, zählt wegen ihrer hochkarätigen Kunstdenkmäler und einzigartigen Lage in einer Lagunenlandschaft, in der Kanäle die Verkehrsadern bilden, zum UNESCO-Weltkulturerbe. Wer einen Streifzug durch das steinerne Altstadtlabyrinth macht, erkennt sofort, dass hier alles anders ist: Venedig ist im Gegensatz zu anderen italienischen Städten nicht in *quartieri*, Viertel, sondern in *sestieri*, Sechstel, unterteilt. Die schmalen Gässchen heißen Calle statt Via und die Plätze Campo oder Campiello statt Piazza. Die weltberühmte Piazza San Marco ist die einzige Piazza Venedigs und das Herz der Stadt. Hier liegen die Zentren der politischen und religiösen Macht: Die orientalisch anmutende Basilica San Marco mit goldglänzenden Mosaiken, der gotische Palazzo Ducale, Dogenpalast, beide flankiert vom knapp 100 Meter hohen Campanile, Glockenturm. Der Markusplatz ist das erste Ziel aller Venedig-Touristen, hier herrscht zu (fast) jeder Tageszeit Gedränge. Wer diesem entfliehen will, braucht nur einige Schritte weiterzugehen und schon gelangt man auf einen der zahlreichen Campi oder Campielli, meist mit einer namensgebenden Kirche und mindestens einem Brunnen, wo man das Treiben der rund 60.000 ortsansässigen Venezianer beobachten kann.

Campo Santo Stefano – Sestiere San Marco

Begegnen Sie einem Studenten mit Musikinstrumenten auf dem Rücken, dann ist der Campo Santo Stefano in Sicht. Hier befindet sich das Konservatorium Benedetto Marcello, untergebracht im wunderschönen Palazzo Pisani, der seit 2023 im Rahmen einer Führung besichtigt werden kann – seine Dachterrasse bietet eine grandiose Aussicht auf die Kirchen, den Golf von Venedig, die Adria und dahinter die Alpen. In der Mitte des Campo wacht auf einem Podest der steinerne Literat Niccolò Tommaseo (1802–1874), der während der Märzrevolution 1848 eine wichtige Rolle spielte und den die Venezianer scherzhaft „El Cagalibri", Bücherscheißer, nennen, da die Bücher unaufhörlich unter seinem Gehrock hervorzuquellen scheinen. Viele nette Cafés laden zu einer Pause ein – mit Blick auf die Chiesa di Santo Stefano, die ein Kuriosum aufweist: den 60 Meter hohen, schiefen Turm, der sich um zwei Meter neigt.

Campo Santa Margherita – Sestriere Dorsoduro

Auf dem von schlichten Häusern gesäumten, lang gestreckten Campo Santa Margherita im Dorsoduro kann man echten venezianischen Alltag erleben: Vormittags *casalinghe*, Hausfrauen, die sich nach dem Einkauf beim *fruttivendolo*, Obst- und Gemüsehändler, oder *pescivendolo*, Fischhändler, auf einer der Bänke unter Schatten spendenden Bäumen zu *due chiacchere*, zum Plausch, treffen. Spätvormittags die eleganten, betagten *signori*, Herren, die sich ein Gläschen Wein gönnen, am Nachmittag (Fußball) spielende Kinder und am Abend bis weit nach Mitternacht die Studenten aus der nahe gelegenen gotischen Universitá Ca'Foscari am Canal Grande. Ein sympathischer Platz mit quirligen (günstigen) Lokalen – ideal für Nachtschwärmer.

Venedig muss man – zumindest einmal im Leben – gesehen haben.

Fast wie in der Kleinstadt: der Campo Santa Margherita

Campo Santi Giovanni e Paolo – Sestiere Castello

Einen schöneren Campo wird man abgesehen von der Piazza San Marco in ganz Venedig schwerlich finden (siehe Bild rechts). Er liegt idyllisch am Canaletto (kleinen Kanal) Rio dei Mendicanti. An der Ostseite erhebt sich Zanipolo, wie die Venezianer die gotische, den beiden die beiden Heiligen Giovanni und Paolo. geweihte Kirche nennen und in der berühmte Dogen in prunkvollen Gräbern ruhen. Schräg gegenüber bezaubert die verspielte Marmorfassade des Scuola Grande di San Marco, des wohl schönsten Spitals der Welt. Und über allem wacht das imposante Reiterstandbild von Bartolomeo Colleoni (1400–1475). Man könnte stundenlang etwa in der historischen Pasticceria Rosa Salva pausieren und bei *zaleti*, typisch venezianischen Keksen, die Einheimische gerne in Vin Santo tunken, die Traumkulisse genießen.

Campo San Giacomo da l'Orio – Sestiere Santa Croce

Der mit alten Bäumen bestandene Campo zählt zu den ursprünglichsten der Stadt und ist der Lieblingsplatz der Kinder, die hier Raum zum Spielen und Radfahren finden. Das Bilderbuch-Plätzchen schmückt die völlig frei stehende Chiesa San Giacomo dall'Orio, eine der ältesten und stimmungsvollsten Kirchen Venedigs, deren über die Jahrhunderte angesammelten Kunstwerke, ein Mix aus romanischen, gotischen, byzantinischen, aber auch barocken Elementen einen Besuch wert machen. Touristen verirren sich selten an den unspektakulären Platz, doch es gibt nichts Schöneres, als auf einer der Bänke ein paar Augenblicke zu verweilen und das Treiben der Venezianer zu beobachten.

Campo del Ghetto Nuovo – Sestiere Cannaregio

Der im ehemaligen jüdischen Viertel gelegene Campo del Ghetto Nuovo mit seinen düsteren, auffallend hohen, ineinander verschachtelten Häusern versprüht melancholisches Flair. Trotz seines irreführenden Adjektivs *nuovo* ist das 1516 gegründete Getto das vermutlich älteste jüdische Viertel der Welt. Auf dem Campo kann man fünf Synagogen, die äußerlich unspektakulär durch ihre üppige Innenausstattung überraschen, sowie das interessante jüdische Museum besuchen und in die Geschichte, aber auch in das Alltagsleben der örtlichen jüdischen Gemeinde eintauchen. Die Venezianer vergnügen sich gerne hier, das macht sich an den vielen gemütlichen Osterie und Trattorie bemerkbar, in denen traditionelle Gerichte zu akzeptablen Preise auf den Tisch kommen.

Idyllisch: der Campo Santi Giovanni e Paolo

Melancholisch: der Campo del Ghetto Nuovo

Zeit für ...

... Venedigs Top 11

Canal Grande

Märchenhafte Palazzi in venezianisch-gotischem Stil säumen die schönste Wasserstraße der Stadt, die sich knapp vier Kilometer als eine große S-förmige Schleife vom Bahnhof Santa Lucia bis zur Piazza San Marco zieht. Das Vaporetto Nr. 1 fährt den Canal Grande ab – ein Muss!

Eine Gondelfahrt

Reiner Luxus, aber dennoch schön – mit den lang gezogenen schwarzen Booten durch Venedig zu schaukeln. Gondeln sind ein Symbol der Stadt, die Kunst, sie zu bauen und zu steuern, von der UNESCO als immaterielles Kulturerbe der Menschheit anerkannt.

Mercato di Rialto

Die Rialtobrücke kennt man, sie ist ein Wahrzeichen der Stadt. Ganz in der Nähe findet täglich (außer sonntags) der berühmte und sehenswerte Mercato di Rialto mit großem Fischmarkt statt.

Basilica di San Marco

Hier bilden sich meist lange Warteschlangen. Im Inneren zu bestaunen: überreiche Mosaike, Domschätze im Museum und die Original-Quadriga (die vier Pferde von San Marco).

A Piazza San Marco 328
30100 Venezia (VE)
W basilicasanmarco.it

Campanile di San Marco

Mit knapp 100 Metern das höchste Gebäude der Stadt. Wer mit dem Aufzug auf den Glockenturm fährt, hat einen grandiosen 360-Grad-Panoramablick auf die Lagunenstadt.

Palazzo Ducale

Der Dogenpalast war als Regierungssitz und Gericht einst das wichtigste Gebäude Venedigs – ausgestattet mit zahlreichen Kunstschätzen. Die Ponte di Sospiri, Seufzerbrücke, führt vom Palast direkt in das frühere Gefängnis.

A Piazza San Marco 1
30100 Venezia (VE)

Teatro La Fenice

Venedigs Opernhaus gehört zu den berühmtesten der Welt. Mehrmals abgebrannt, wurde es immer wieder aufgebaut und erstrahlt in alter Pracht. Es ist auch tagsüber zu besichtigen. Ein Opernabend ist ein Erlebnis.

A Campo S. Fantin
30124 Venezia (VE)
W teatrolafenice.it

Peggy Guggenheim Collection

Mit einer Sammlung moderner Kunst und Werken etwa von Picasso, Kandinsky, Mirò oder Pollock. Tipp: Buchen Sie ein Zeitfenster-Ticket!

A Palazzo Venier dei Leoni
Dorsoduro 701
30123 Venezia (VE)
W guggenheim-venice.it

Gallerie dell'Accademia

Venezianische Kunst vom 14. bis zum 18. Jahrhundert, darunter auch Carpaccios Gemälde der Lagunenstadt um 1500. Hier findet man alle berühmten Namen.

A Calle della Carità 1050
30123 Venezia (VE)
W gallerieaccademia.it

Ca' D'Oro

Das „Goldene Haus" ist einer der schönsten Palazzi Venedigs. Im Inneren: die Galleria Giorgio Franchetti, die Besuchern neben einer Sammlung gotischer bis barocker Kunstwerke auch venezianische Wohnkultur präsentiert.

A Cannaregio 3932
30126 Venezia (VE)
W cadoro.org

San Giorgio Maggiore

Den besten Blick auf den Markusplatz genießt man vom Turm der gegenüber liegenden Chiesa San Giorgio Maggiore, umgeben von einem wunderschönen Garten. Schon die Anfahrt mit dem Vaporetto ist ein Erlebnis.

An ihr kommt man in Venedig kaum vorbei: die Rialtobrücke

TOURISTINFO IAT VENEDIG

Hier bekommen Sie unter anderem Vaporetto-Tickets.

A Piazza San Marco 71/f
30100 Venezia (VE)
oder am Vorplatz des Hauptbahnhofes St. Lucia
T (+39 041) 24 24
W veneziaunica.it oder visitvenezia.eu

EINTRITTSGEBÜHR

Ab 2024 müssen Tagestouristen ihren Ausflug in Venedigs Altstadt vorab reservieren und an 30 Testtagen eine Eintrittsgebühr von fünf Euro bezahlen. Die genauen Termine stehen noch nicht fest, angedacht sind Karneval, Ostern oder Allerheiligen. Die dauerhafte Einführung ist für 2025 geplant. Ausgenommen sind Reisende, die mindestens eine gebuchte Übernachtung in der Lagunenstadt nachweisen können.

Bàcari, Cicchetti, Ombre

Pausen mit Genuss

Ein kleines Glas Wein, dazu ein paar köstliche Häppchen, und das im Stehen an der Theke: In winzigen Weinstuben, den Bàcari, treffen sich die Venezianer nach alter Tradition – zu fast jeder Tageszeit.

Die meisten Bàcari (Betonung auf dem ersten „a") liegen gut versteckt im Labyrinth der Gassen, Brücken und Kanäle Venedigs und sind für Fremde nicht einfach zu finden. Doch schon am Vormittag herrscht dort reger Betrieb. Die charmanten Weinstuben sind rustikal eingerichtet, viele bestehen lediglich aus einem einzigen kleinen Raum, in dem sich Einheimische am Tresen oder an schmalen Wandtischen drängeln und sich *un'ombra*, was wörtlich übersetzt „Schatten" heißt und ein Gläschen Wein bedeutet, gönnen. Und zwar im Stehen, meist umgeben von Weinfässern, Korbflaschen, Kupferkesseln, Hunderten Weinetiketten und Schiefertafeln, auf denen handgeschrieben mit Kreide ein Mix aus regionalen und internationalen Weinen steht. Tausendfach geht der *ombra*, ausgeschenkt in winzigen Gläsern (0,1 Liter) in den Bàcari über den Tresen, um die Kehle zu netzen – durchaus schon am frühen Vormittag. Ein tägliches Ritual der Einheimischen, um in ungezwungener Atmosphäre mit Stammgästen oder Nachbarn Tratsch loszuwerden oder Sportergebnisse zu kommentieren.

Zur Herkunft des Namens *ombra* erzählt man sich in Venedig die Geschichte, fliegende Weinhändler hätten Mitte des 19. Jahrhunderts ihren Vino auf dem Markusplatz verkauft und seien dabei mit ihren Fässern stets dem Schatten des Campanile gefolgt, um den Wein kühl zu halten. Als später die ersten Bàcari öffneten, wurden sie vielen Venezianern zum verlängerten Wohnzimmer, in dem man es sich täglich gemütlich macht.

Urig: Die Ostaria all' antico Dolo

Raffinierte Häppchen

Zum Gläschen Wein gibt es als Unterlage *cicchetti* (sprich: tschiketti), mundgerechte Leckereien, die sich sorgfältig angerichtet in Vitrinen türmen: Kleine Weißbrotscheiben üppig belegt mit all jenem, was die Lagune kulinarisch zu bieten hat: Mit *baccalà mantecato* (mit Olivenöl aufgeschlagenes Stockfischmousse), frittierten *moeche** (frisch gehäutete Krebse, die samt Kopf, Beinchen und Scheren gegessen werden) oder *sarde in saor* (marinierte Sardellen). All diese stets frisch zubereiteten Köstlichkeiten liegen gleich neben heiß frittierten Thunfischbällchen, *Mozzarella in Carrozza* (panierter gebackener Mozzarella), gefüllten Miesmuscheln oder Polenta-Rauten mit *folpetti* (kleinen Tintenfischen). Während man sich im übrigen Italien zum *aperitivo* an Snacks, die im Getränkepreis inbegriffen sind, bedient, bezahlt man *cicchetti* (auch cicheti) in Venedig gewöhnlich tellerweise. Alleine die Häppchen, die mit den Fingern gegessen werden, sorgen für eine stimmungsvolle Atmosphäre und dafür, dass man ganz schnell in Kontakt mit anderen Gästen kommt. Wer sich hier ganz genüsslich den Magen füllt, kann eine Hauptmahlzeit ersetzen. In einer Stadt, wo man häufig von der Sorge begleitet wird, in eine kulinarische Touristenfalle zu tappen, sind *cicchetti* die ideale Lösung: Authentisch, liebevoll zubereitet und falls sie nicht schmecken, kann man wie die Venezianer einen *giro d'ombre* beginnen – einfach weiterziehen, in freudiger Stimmung von Bàcaro zu Bàcaro.

*Nur im Frühling und Herbst verfügbar, wenn die Krebse ihren alten harten Panzer abgeworfen haben und der neue noch weich ist.

Zeit für …

… un'ombra

Cantine del Vino già Schiavi

Der Familienbetrieb (seit 1945) ist eine der raren authentischen Weinstuben mit holzvertäfelten Wänden, ohne Sitzplätze. Auf dem Tresen lockt ein großes Angebot an *cicchetti*. Die Auswahl an per Hand beschrifteten Weinen, an Whisky, Grappa und Vodka ist riesig.

A Dorsoduro 992 –
Fondamenta Nani
30123 Venezia (VE)
T (+39 041) 52 30 034
W cantinaschiavi.com

I Rusteghi

Charmante Weinstube, wenige Schritte von der Rialtobrücke entfernt, mit über 800 Weinetiketten. Schummriges Licht, Tassen, Wandteller, Weinreliquien. Spezialität: *panini*, die Venezianer im Dialekt „le meraveje" (kleine Wunder) nennen, belegt zum Beispiel mit Culatello oder Trüffelcreme.

A San Marco 5513
Corte del Tentor
30124 Venezia (VE)
T (+39 338) 76 06 034

All'Arco

Im kleinen, in dritter Generation geführten Lokal in der Nähe des Rialtomarktes gibt's Crostini mit Käse, Pilzen, Trüffel oder *baccalà mantecato* (Stockfischmousse) nach Rezept von Oma Mary. Kleine Tische im Freien. Mutige probieren: *cicchetti* mit *nervetti* (weich gekochten Sehnen) mit Zwiebeln.

A San Polo 436
Calle dell'Occialer
30125 Venezia (VE)
T (+39 041) 52 05 666

Al Timon

Typisch venezianisches Bàcaro: Wände aus Ziegelstein, dunkles Holz, Vitrinen, die überquellen von *cicchetti*, die an Tischen im Freien direkt an einem Kanal oder in einem kleinen Boot, das hier vor Anker liegt, verzehrt werden können. Spezialität des Hauses: Steaks.

A Cannaregio, Fondamenta
dei Ormesini 2754
30121 Venezia (VE)
T (+39 041) 52 46 066
W altimon.it

Verführerisch: Fingerfood auf Venezianisch

Bàcaro Cantina Ai Do Mori

Bekanntes und eines der ältesten Bàcari der Stadt mit großen Kupferkesseln an der Decke und Korbflaschen überall. Große Auswahl an *cicchetti* auf Fleisch- und Fischbasis. Spezialität: Das „Francobollo" (übersetzt: Briefmarke) – kleine, quadratische Weißbrotscheiben, belegt mit Krabben, Garnelen oder Schinken.

A San Polo 429
Calle do Mori 429
30125 Venezia (VE)
T (+39 041) 52 25 401

Osteria Antico Dolo

In dem bekannten und angeblich ältesten Bàcaro Venedigs kommt heute neben *cicchetti* gehobene venezianische Küche auf den Tisch. Mit versteckter Terrasse in einem Hinterhof liegt es abseits des Trubels, nicht weit entfernt von der Rialtobrücke. Probieren: Antipasti Antico Dolo, ein Mix aus neun *cicchetti*.

A San Polo, Ruga Rialto 778
30175 Venezia (VE)
T (+39 041) 52 26 546
W anticodolo.it

Wein, Cicchetti, Dolce Vita ...

Cicchetti – die kleinen, üppig belegten Häppchen zum aperitivo schmecken Einheimischen ebenso wie Touristen.

Chioggia

Die Schöne im Schatten Venedigs

Mit seinen pittoresken Brücken, kleinen Gassen und bunten Häusern wird Chioggia oft als Klein-Venedig bezeichnet. Das verträumte Fischerdorf mit einem elf Kilometer langen Strand ist beliebt bei venezianischen Familien, die an Wochenenden hierher ausschwärmen.

Chioggia, am südlichsten Zipfel der Lagune gelegen, ruht genauso wie seine große Schwester Venedig auf Holzpfählen und ist über eine Brücke mit dem Festland verbunden. Von oben sieht die Stadt wie ein Fischskelett aus: Das Rückgrat bildet der rund einen Kilometer lange Corso del Popolo, von dem wie Gräten schmale *calli*, Gassen, rechts und links im rechten Winkel abzweigen. Drei malerische Kanäle durchziehen Chioggia in seiner ganzen Länge, über den mittleren – den Canal Vena – spannen sich neun kleine Brücken. Blickt man von diesen auf die bunten Fischerboote, über denen kreischende Möwen kreisen, und die pastellfarbenen Palazzi, die sich im Wasser spiegeln, entsteht ein Bild wie in Venedig.

Auf dem breiten Corso del Popolo liegen mehrere sehenswerte Bauwerke: Das Stadttor Porta di Santa Maria und die gleichnamige Cattedrale, die auf das Jahr 1110 zurückgeht und zu den italienischen Nationalmonumenten zählt; der gotische Palazzo Granaio (ehemaliger Getreidespeicher) aus dem 14. Jahrhundert mit einer *Madonna col Bambino*, ein Werk von Jacopo Sansovino (1486–1570), auf der lang gestreckten Fassade; die kürzlich wiederöffnete Loggia dei Bandi mit ihren mächtigen Säulen – Sitz des Tourismusbüros – sowie der schlanke, 30 Meter hohe Torre di Sant'Andrea mit der angeblich ältesten funktionierenden Turmuhr (1386) der Welt. Der Corso endet auf der zentralen Piazzetta Vigo mit einem kleinen geflügelten Steinlöwen, der auf einer hohen Marmorsäule hockt und schläfrig über den Platz blickt. Von furchteinflößend – verglichen mit dem prächtigen Wappentier Venedigs – keine Spur, wird er von den Einheimischen im Dialekt als „il gatto de Chiosa", Katze von Chioggia, verspottet.

Stimmungsvoll: der Canale Riva Vena

Größter Fischereihafen Norditaliens

Seit Jahrhunderten waren die Bewohner Chioggias Fischer und noch heute fahren Männer mit Booten hinaus aufs Meer. Chioggia gilt als der größte Fischereihafen Norditaliens. Ein beliebter frühmorgendlicher Treffpunkt der Einheimischen ist der Fischmarkt Mercato del pesce al minuto (täglich, außer Montag, von 7.00–13.00 Uhr) hinter dem Palazzo Granaio, den man auf keinen Fall versäumen sollte. Frischer als hier ist Fisch nicht zu haben und kaum irgendwo in so reicher Auswahl. Auf den Verkaufstischen der rund 30 Mògnoli, wie die Fischhändler genannt werden, türmen sich auf Eis: *sogliola* (Seezunge), *orata* (Goldbrasse), *branzino* (Wolfsbarsch), *sarde* (Sardinen), *alici* (Sardellen), aber auch *calamari* (Tinenfisch), *gamberi* (Krebse), *aragosta* (Langusten), *astice* (Hummer), Meeresschnecken und Muscheln in verschiedenen Formen und Größen. Rund um den Fischmarkt reiht sich eine gemütliche Trattoria an die andere. Wie die Einheimischen können Urlauber hier gute regionale Küche zu akzeptablen Preisen genießen: Gegrillte oder frittierte Scampi, *Sarde in Saore* (frittierte Sardinen mit weißen Zwiebeln), einen Teller *Boboli de vida* (kleine Schnecken mit Knoblauch und Petersilie gewürzt), duftendes Fischrisotto zubereitet mit dem jeweiligen Fang des Tages, knusprige *Moleche fritte* (kleine frittierte Krebse) oder *Fritto Misto di Chioggia* (frittierte Fisch- und Meeresfrüchte) serviert mit einer Scheibe gebratener Polenta.

Kilometerlange Sandstrände

Ein Urlaub in Chioggia lässt sich wunderbar mit einem Badurlaub verbinden. In Sottomarina, dem vorgelagerten Stadtteil, zu dem eine lange Brücke führt, erstreckt sich ein über zehn Kilometer langer feinsandiger Strand mit zahlreichen Strandbädern, Restaurants, Bars, Pizzerien, Beachvolleyball-, Fußball- und Tennisplätzen, Boccia-Bahnen, aber auch Diskotheken und Hotels. 2023 wurde der Strand für Sauberkeit und Wasserqualität erneut mit der *Bandiera Blu*, der blauen Flagge, ausgezeichnet. An den Wochenenden ist es hier zwar voll, die ganz großen Touristenströme aber bleiben noch heute aus.

Romantisch: schlemmen direkt am Wasser

INFO

Touristinfo IAT Chioggia
A Loggia dei Bandi
Corso del Popolo 1197
30015 Chioggia (VE)
T (+39 041) 40 36 52
W visitchioggia.com

Zeit für …

… den großen Wochenmarkt „El Zioba"

Taschen, Schuhe, Unterwäsche, Pyjamas, Schmuck, Blumen, Küchenutensilien, saisonales Obst und Gemüse, Salami- und Käsespezialitäten – hier findet man einfach alles. Donnerstags (bis 14.00 Uhr) auf dem Corso del Popolo. Jeweils am zweiten Sonntag im Monat findet hier ein Antiquitäten- und Flohmarkt statt.

… das Museo di Zoologica Adriatica Giuseppe Olivi

birgt eine der größten Sammlungen Italiens zur Meeresfauna und erzählt anschaulich von der Welt unter Wasser. Highlight: Olivia, ein acht Meter langer Elefantenhai (für Menschen keine Gefahr), der 2003 vor Chioggia ins Netz ging.

A Riva Canal Vena 1281
30015 Chioggia (VE)
T (+39 041) 40 17 74
W museoolivi.it

… einen Ausflug mit dem Boot

Zum Beispiel nach Venedig mit den Linienschiffen des Verkehrsverbundes ACTV, actv.it. Ein lohnenswertes Ziel in der Region Valle Zappa – erreichbar mit privaten Bootstour-Anbietern – ist die Casone Zappa. Es wurde in den Jahren 1925 bis 1927 im Auftrag des damaligen Eigentümers Mario Malvezzi – ein leidenschaftlicher Anhänger nordischer Architektur – erbaut. Das Gebäude (nur vom Boot aus zu besichtigen) mutet wie ein holländisch-gotisches Märchenschloss an. Es ist heute in Besitz einer Unternehmerfamilie aus Padua.

Chioggia: zu jeder Tageszeit schön

Sonnenbaden

Strände rund um die Lagunenstadt

Feiner Sand, viel Sonne und das endlose Meer: Auf den breiten, kilometerlangen Stränden Venetiens lässt es sich herrlich baden, entspannen und einfach glücklich sein. Die schönsten Küstenabschnitte liegen zwischen Bibione und Venedig.

Die Küste Venetiens lockt mit goldgelben Sandstränden am türkisblauen Meer, hübschen Orten und einem großen Freizeitangebot vor allem für Familien. Zahlreiche *bagni*, Strandbäder, reihen sich wie Perlen aneinander – mit Umkleidehäuschen, sanitären Anlagen, Bars und Restaurants, aber auch Boots- und Surfbrettverleih, Hüpfburgen, Karussellen oder Open-Air-Discos mit Live-DJs am Abend. Dazu gibt's Liegestühle und Sonnenschirme zu mieten, einer neben und hinter dem anderen auf perfekt geharktem Sand. Die melodischen „Cocco-bello-cocco-fresco"-Rufe gehören immer noch an den meisten Stränden dazu. Ebenso wie ein Heer fliegender Händler, die auf heißem Sand unterwegs sind und Taschen, Strandkleidchen, Schmuck, Sonnenbrillen, Spielzeug, Tattoos oder Uhren verkaufen. Italiener zieht es im Sommer mit aller Macht ans Meer und sei es nur für einen Sonntag – mit Freunden, Kind und Kegel. Dann sind die Strände ein Spiegel der italienischen Seele: laut, chaotisch, voll und vergnüglich. Wie geschaffen für *il relax,* wie Italiener sagen.

Bibione

Der rummelige Ort ist ganz besonders auf Familien und die Bespaßung von Kindern eingestellt: Mit mehr als zehn Kilometer langem Sandstrand, der sanft ins Wasser gleitet und bis zu 300 Meter breit ist. In der Nähe gibt einen großen Tierpark namens Punta Verde, den Vergnügungspark Luna Adriatico mit 65 Fahrgeschäften, zahlreiche (auch für Kinder geeignete) Radwege und das Thermalbad Bibione Thermae, in dem man sich von Kopf bis Fuß verwöhnen lassen kann. Im charmanten Ort Bibione laden Boutiquen zum Shoppen und zahlreiche Restaurants zum Schlemmen von fangfrischem Fisch und Meeresfrüchten ein. Highlight ist ein Spaziergang zum über 20 Meter hohen Leuchtturm (1910) an der Mündung des Tagliamento, in dem man sogar heiraten kann.

W bibione.com

Caorle:
Die Spiaggia della Madonnina mit dem Santuario della Madonna dell'Angelo

Caorle: Rettungsboot
am Strand Dunaverde (siehe S. 128)

Lange, feine Sandstrände, viel Sonne und das Meer – Venetien zählt zu den beliebtesten Zielen für Badeurlaub in Italien.

Caorle

Das 11.000-Einwohner-Städtchen hat nicht nur ganze 18 Kilometer Sandstrand zu bieten (siehe Bilder S. 126/127), sondern auch eine wunderschöne Altstadt: Mit bunten Häuschen, verträumtem Hafen, in dem alte *bragozzi* (typische Fischerboote) schaukeln und der schönen Strandpromenade Scogliera Viva, in deren Felsblöcke Künstler aus aller Welt Skulpturen geschlagen haben. Wer genug vom Sonnenbaden hat, kann auf kilometerlangen Wander- und Radwegen die naturbelassene Umgebung erkunden: die *casoni*, traditionelle Fischerhütten aus Holz und Schilf, oder die Wallfahrtskirche Chiesa Madonna Dell'Angelo direkt am Meer. Es gibt Vergnügungsparks, Piratenschiff, Wasserrutschen und den Golfclub Prà delle Torri (18 Loch) in der Nähe.

W caorle.eu

Eraclea Mare

Eingebettet in einen der größten Pinienwälder Italiens direkt an der Adria liegt das beschauliche Eraclea Mare mit einem rund drei Kilometer langen, teils von Dünen gesäumten Strand – nur wenige Kilometer vom Trubel in Caorle und Jesolo entfernt. Hotels, Ferienhäuser und riesige Campingplätze, teils mit direktem Zugang zum Meer, liegen inmitten schattenspendender Bäume und am Strand steht alles bereit, was Sonnenanbeter und Wasserratten brauchen: Liegebetten, Beachvolleyball, Boote oder Minigolf. Naturliebhaber finden in der von Kanälen durchzogenen Laguna del Mort ein großes Netz an Wander-, Rad- und Reitwegen.

W comune.eraclea.ve.it (nur auf Italienisch)

Lido di Jesolo

In der Partystadt mit 15 Kilometer langem Sandstrand, einer 13 (!) Kilometer langen Einkaufsmeile – der längsten Europas, die an der Piazza Primo Maggio beginnt – mit rund 1.200 Geschäften, Sea Life Aquarium, Nobeldiscos und trendigen Strandclubs mit Livebands –, wird im Sommer gefeiert bis zum Morgengrauen. Ruhesuchende wählen besser eine der anderen Küstenstädte. Atemberaubende Architekturprojekte, moderne Türme und Wolkenkratzer aus Glas und Stahl verleihen der 25.000-Einwohner-Stadt eine neue ultramoderne Skyline. Spannender Kontrast ist das beschauliche Umland, durchzogen von kilometerlangen Radwegen. Den Sonnenuntergang genießt man besonders schön am Leuchtturm Jesolos, wo der Fluss Sile ins Meer mündet.

W jesolo.it

Cavallino Treporti

Die schmale, 15 Kilometer lange Halbinsel Cavallino-Treporti, nur eine kurze Vaporetto-Fahrt von Venedig, ist allsommerlich Zentrum eines gigantischen Badebetriebs. Zahlreiche Campingplätze reihen sich hier aneinander mit großem Animations- und Freizeitangeboten. „Marina di Venezia" ist mit rund 3.000 Stellplätzen und 400 Mietunterkünften – von Maxi-Caravans bis zur frei stehenden Garden-Villa – ein Campingplatz der Superlative, mit Wasserpark und Einkaufsmeile fast schon eine kleine Stadt. Ein großes Naturschutzgebiet zum Wandern, Radfahren, Reiten oder zur Vogelbeobachtung machen Cavallino zum perfekten Ort für einen entspannten Urlaub. Highlight: ein Ausflug in die Lagune bei Lio Piccolo, in der Flamingos im Wasser herumstaksen.
Informationen (zahlreiche Routenvorschläge):
W visitcavallino.com

Lido di Venezia

Der rund zwölf Kilometer lange Sandstrand liegt auf einer Insel und wird hauptsächlich von Venezianern aufgesucht. Hier findet man nostalgische *bagni*, gebührenpflichtige Strandbäder, gesäumt von den typischen *capanne*, Holzkabinen mit kleiner Veranda, Bars und Restaurants aller Preisklassen und auch etwas Nachtleben. Einst war der Lido Tummelplatz der Reichen und Schönen, verstreut liegende Jugendstilgebäude oder Luxushotels, wie das ehemalige Grand Hotel des Bains (um 1900), das als Schauplatz von Thomas Manns Novelle „Der Tod in Venedig" Eingang in die Literatur fand, zeugen davon. Ende August/Anfang September findet hier alljährlich das Filmfestival von Venedig statt. Der Golfplatz Circolo Golf Venezia (1928) ist einer der ältesten und schönsten Italiens.
W visitlido.it

In Jesolo mündet der Fluss Sile ins Meer.

BANDIERA BLU

Die Sauberkeit des Wassers und der Strände an den italienischen Küsten wird alljährlich von der FEE Italien (Foundation for Environmental Education) mit der Bandiera Blu, blauen Flagge, ausgezeichnet. Im Jahr 2023 waren dies in Venetien: Caorle (Porto Santa Margherita, Ponente, Duna Verde, Brussa). Venezia: Lido di Venezia, Alberoni. Bibione (San Michele al Tagliamento). Cavallino Treporti (Lido). Jesolo (Lido). Eraclea (Eraclea Mare).

W bandierablu.org

Lido di Jesolo: 15 Kilometer goldiger Sand

Stilvoll wohnen

Unterkünfte mit dem gewissen Etwas

Ob im venezianischen Palazzo mit geheimem Garten oder einer alten Dorfschule voll schöner Sammlerstücke, in einer herrschaftlichen Landvilla mit Reitstall oder in einem Lärchenholz-Fass, umgeben von Reben. In Venetien findet man zahlreiche zauberhafte Unterkünfte in den Städten wie mitten in der Natur.

VERONA
Relais Balcone di Giulietta

Ein kleines, historisches Gästehaus bestehend aus 16 Luxussuiten mit Jacuzzi, einige mit Blick in den Innenhof der Casa Giulietta mit ihrem berühmten Balkon, auf dem Shakespeares Julia auf Romeo gewartet haben soll. Modern eingerichtet mit einem Mix aus Designerstücken, Gemälden und Fresken aus dem 17. Jahrhundert. Frühstück gibt's in der Bar Caffè Casa Mazzanti auf der Piazza delle Erbe. Das gewisse Etwas: Mehr Romantik geht nicht! DZ ab 700 €. Zwar teuer, aber in der „Stadt der Liebe" etwas Besonderes.

A Via Cappello 23
37121 Verona (VR)
T (+39 045) 41 555
W balconedigiulietta.com

PROVINZ VICENZA
Locanda La Scuola

Schlafen in einer alten Dorfschule (siehe Bild auf S. 137): Valeria Carfora und Marco Baldan haben eine ehemalige Dorfschule in ein romantisches, von duftenden Blumen umwuchertes Gästehaus umgebaut. Es liegt auf rund 750 Metern Höhe und zählt zu den sieben Gemeinden der Hochebene von Asiago (ein schönes Wandergebiet). Das gewisse Etwas: die Einrichtung mit Originalstücken wie Wandtafel und Lesepulten kombiniert mit neuen Möbeln im passenden Retrolook. Zum Frühstück gibt's selbst gebackenen Kuchen oder Muffins. DZ ab 95 €.

A Vai Campana 20
36046 Lusiana (VI)
T (+39 0424) 06 62 44
W locandalascuola.it

PROVINZ PADUA
Bed & Breakfast La Mugletta

Wer nach einer außergewöhnlichen Unterkunft in der Natur sucht, sollte unbedingt im B&B La Mugletta nächtigen (siehe Bild links). Die Deutsche Ulla Kinzler, die seit vielen Jahren in Italien lebt, hat hier ein traumhaft schönes, modernes Gästehaus geschaffen mit einem grandiosen Blick auf die sanft gewellten Euganeischen Hügel. Das nachhaltig gebaute Haus ist komplett aus Holz, energetisch autonom. Zum Frühstück gibt's saisonale und regionale Produkte. Das gewisse Etwas: Hier können Sie auch Töpfer-Workshops im hauseigenen Atelier buchen. DZ ab 205 €.

A Via A. Gloria 2A
35037 Teolo (PD)
T (+39 329) 21 70 056
W lamugletta.com

Le Volpi

Inmitten des Nationalparks der Euganeischen Hügel, wo sich *le volpi*, die Füchse, und Hasen gute Nacht sagen, liegt der Agriturismo Le Volpi (damit ist in Italien ein Bauernhof gemeint, siehe Bild rechte Seite), dessen Besitzer Bioweine keltert. In den eleganten, im Landhausstil eingerichteten Räumen genießt man absolute Ruhe. Hier können Sie geführte Wanderungen, Touren mit dem Jeep oder Degustationen buchen. Das gewisse Etwas: der herrliche Blick über die Weinberge und Euganeischen Hügeln vom Beckenrand des Infinitypools. DZ ab 130 €.

A Via Gemola 14
35030 Baone (PD)
T (+39 0429) 59 019
W levolpi.it

PROVINZ ROVERIGO

Tenuta Ca'Zen

Das traumhaft schöne Bed & Breakfast in einer Landvilla aus dem 18. Jahrhundert mit lang gestreckten Ost- und Westflügeln liegt am Ufer eines Seitenarms des Po und gehört der charmanten Elaine Westropp Bennett aus Irland, die in den 1960er-Jahren der Liebe wegen nach Ca'Zen kam. Es gibt neun Zimmer mit riesigen Betten und Bädern sowie zwei unabhängige Gästehäuser. Auf Bestellung zaubert Elaine Abendessen mit Produkten aus dem eigenen Garten oder nahe gelegenen Bauernhöfen. Das gewisse Etwas: Hier können Sie Reitstunden nehmen oder ausreiten am Strand.

A Localitá Ca'Zen
45019 Taglio di Po (RO)
T (+39 339) 86 88 715
W tenutacazen.it

VENEDIG

Il Palazzo Experimental

Bonbonfarbenes italienisches Design erwartet Gäste im venezianischen Palazzo Experimental, direkt am Canale della Giudecca, nur einen Katzensprung von der Guggenheim Collection entfernt. Mit 32 gemütlichen, lichtdurchfluteten Zimmern und Suiten und sogar einem kleinen Garten. Das gewisse Etwas: der hauseigene, stylishe Cocktail Club Venice, designend von Cristina Celestino – mit viel Marmor und antiken Spiegeln. Hier lässt es sich nach einer Venedig-Erkundungstour wunderbar entspannen.

A Fondamenta Zattere Al Ponte Lungo
Dorsoduro 1410
30123 Venezia (VE)
T (+39 041) 09 80 200
W palazzoexperimental.com

oben:
Le Volpi: Idealer Ausgangspunkt für Wanderungen

unten:
Tenuta Ca'Zen: Die wohl romantischste Landvilla im Po-Delta

PROVINZ TREVISO

La Vigna di Sarah

Um *la luna*, den Mond, dreht sich im Leben der jungen Biowinzerin Sarah Dei Tos alles. Denn ihr liebevoll restauriertes Bauernhaus mit drei Gästezimmern steht auf dem Hügel Col de Luna – und ihr weithin bekannter Prosecco dei Grappoli ist der einzige in der Region, dessen Trauben nachts bei Vollmond geerntet werden. Das gewisse Etwas: zwei große mit Doppelbett, Badezimmer, Heizung und Klimaanlage ausgestattete Lärchenfässer mitten in den Weinreben. In der Lunoteca neben dem Whirlpool im Garten können Gäste Wein verkosten und kaufen.
DZ ab 300 €.

A Via del Col de Luna 6
31029 Vittorio Veneto (TV)

T (+39 333) 26 22 446 oder
(+39 0438) 16 72 623

W lavignadisarah.it

*Alle hier genannten Preise sind eine ungefähre Richtlinie und beziehen sich auf die Hauptsaison.

La Vigna di Sarah:
Übernachten im Weinfass

Locanda la Scuola: Entzückendes B&B
in einer liebevoll restaurierten Dorfschule (siehe S. 133)

Provinz Treviso

Nur durch wenige Städte im Veneto fließen so viele stimmungsvolle Kanäle wie in Treviso – sprudelndes Wasser ist im *centro storico* allgegenwärtig. Zahlreiche venezianische Villen, von imposanten Mauern umringte Hügelstädtchen sowie die malerische Strada del Prosecco, ein Muss für Weinliebhaber, prägen diese Provinz.

Osteria senza Oste (siehe S. 146)

Treviso

Die bemalte Stadt

Treviso führt ein Mauerblümchendasein im Schatten der berühmten Nachbarin Venedig. Zu Unrecht, bezaubert die Stadt doch mit Kanälen, Palästen und malerischen Vierteln – fernab von lärmenden Touristenhorden.

So viel Wasser. Im *centro storico* von Treviso rauscht, gurgelt und tost es auf Schritt und Tritt: Das Städtchen am Zusammenfluss von Sile und Botteniga liegt auf dem Festland, wird aber wie das nur 30 Kilometer weit entfernte Venedig von verschlungenen Wasserkanälen durchflossen und ist nahezu unentdeckt. Rund 86.000 Trevisani leben hier unaufgeregt zwischen einem Gewirr aus kopfsteingepflasterten Gassen, filigranen Brücken, lauschigen Plätzen, langen Portici, Laubengängen, und Straßenlaternen aus rosa Muranoglas (wie in Venedig), die abends stimmungsvoll leuchten. „Urbs picta", bemalte Stadt, wird Treviso genannt, rund 300 Gebäude sind mit – heute großteils verblassten – Fresken geschmückt.

Wohnzimmer der Stadt

Il salotto, Wohnzimmer, nennen die Trevisani die Piazza dei Signori, das Herz der Stadt. Um ihren besonderen Zauber zu erleben, sollte man sie zu allen Tageszeiten aufsuchen: frühmorgens, wenn Frauen mit Stöckelschuhen, Anzugträger und Omas mit Weidekörbchen auf dem Lenker quer über die Piazza holpern und sich Einheimische vor der Arbeit in einer der drei Caffè-Bars, an der Theke stehend, mit einem Tässchen Espresso für den Tag rüsten. Nachmittags, wenn das Licht der Sonne die Fassaden des imposanten Palazzo dei Trecento, des Torre Civica und des Palazzo del Podestà leuchten lässt. Oder abends, wenn sich Studenten an der Ecke zur Via Barberia, im sogenannten „angolo delle quattro S" (der Ecke der vier „S": „Siamo studenti senza soldi" – „Wir sind Studenten ohne Geld") zu *due chiacchiere*, einem Plausch, treffen, ohne dabei Geld in Lokalen ausgeben zu müssen. Besonders stimmungsvoll ist das Quartiere I Mulini, das Mühlenviertel, wo sich vereinzelt noch heute mächtige Mühlenräder drehen: Hier eine urige Bar, in der jeder jeden kennt, eine heimelige Osteria mit rot-weiß-karierten Tischdecken, dort eine schicke Enoteca – überall stehen Stühle und Tische im Freien. Und im Herzen des Viertels, auf der winzigen Flussinsel Isola della Peschiera, wo Fischhändler in Plastikschürzen und mit Gummistiefeln *branzino* (Barsch), *merluzzo* (Dorsch), *orata* (Goldbrasse), *tonno* (Thunfisch), *gamberi* (Flusskrebse), *seppie* (Tintenfisch) oder *cozze* (Miesmuscheln) feilbieten, herrscht lebendiger Alltag und ganz viel Flair.

Treviso – eine beschauliche Alternative zu Venedig

Città d'acqua, Stadt des Wassers, nennen Italiener die von Kanälen durchspülte Stadt Treviso.

Die Urvariante des Tiramisu

Eine lange Tradition und sechs Zutaten: Löffelbiskuits, Kristallzucker, frischer Mascarpone und frisches Eigelb, starker Espresso, Kakaopulver. Die Urvariante des Tiramisu (übersetzt: zieh mich hoch!) ist schlicht und enthält keinen Alkohol. Der Legende nach soll Italiens bekanntestes *dolce*, Dessert, im historischen Ristorante Le Beccherie, zwei Gehminuten von der Piazza dei Signori entfernt, erfunden worden sein. Jedes Kind in der Stadt kennt die Geschichte von Alba Campeol, in den 1950er-Jahren Besitzerin des Lokals, deren Schwiegermutter ihr während der Schwangerschaft täglich ein kräftigendes Frühstück aus in Zucker aufgeschlagenem Eigelb, trockenen Keksen und Espresso zubereitet haben soll. Noch heute wird die Süßspeise im Ristorante Le Beccherie auf der Piazza Ancilotto nach dem Originalrezept zubereitet und in Tortenstückform serviert. Das Originalrezept finden Sie auf lebeccherie.it. In Treviso findet zudem jährlich der Tiramisu World Cup statt, bei dem es um das beste Tiramisu in der Stadt, also das beste Italiens und damit das beste der Welt, geht.

Treviso ist eines der liebenswertesten Städtchen Venetiens. Während Venedig unter der Besucherlast ächzt und in der Hochsaison kaum ein Durchkommen ist, taucht man in Treviso in eine beschauliche Welt ein: Von Hektik ist hier nichts zu spüren. Wer sich in die „bemalte Stadt" aufmacht, erlebt ein ursprüngliches Italien mit hervorragender bodenständiger Küche. Zudem lässt sich Treviso perfekt mit einem Tagesausflug nach Venedig kombinieren: Regelmäßig verkehren Busse und Züge in die Lagunenstadt. Zum Shoppen oder Sightseeing – frei von Parkplatzsorgen.

Typisch für Treviso: Blumengeschmücktes Haus mit Blick aufs Wasser

Zeit für ...

... Trevisos Top 7

Duomo San Pietro

Das Gotteshaus mit sieben Kuppeln wurde zwischen dem 11. und 12. Jahrhundert. auf den Grundmauern eines frühchristlichen Tempels errichtet und mehrmals umgebaut. Es birgt eine romanische Krypta, Fresken von Tizian (Verkündigung) und Pordenone (Anbetung der Könige).

A Piazza del Duomo 1
31100 Treviso (TV)

Chiesa San Nicoló

Ein Juwel italienischer Gotik aus dem 13. bis 14. Jahrhundert, das im dreischiffigen Inneren mit Fresken von Tommaso da Modena geschmückt ist. Kurios: Im Kapitelsaal des angeschlossenen Klosters befindet sich ein Fresko, das die erste Darstellung einer Brille zeigt.

A Via San Nicolò 50
31100 Treviso (TV)

Palazzo dei Trecento

Auch Palazzo della Ragione genannt, stammt aus der ersten Hälfte des 13. Jahrhunderts und wurde im Zweiten Weltkrieg schwer beschädigt und danach wieder aufgebaut. Die Loggia im Erdgeschoß ist ein beliebter Treffpunkt der Trevigiani, die im Caffè Beltrame oder in der Prosecceria Ai Suffioni bei einem Glas Prosecco sitzen.

A Piazza dei Signori 19
31100 Treviso (TV)

Ponte Dante

„Wo Sile und Cagnan sich zueinandergesellen", schrieb Dante über die Brücke in einem Vers der Göttlichen Komödie und schildert die unterschiedliche Färbung der beiden Flüsse, die eine Strecke nebeneinanderher fließen, ohne sich sofort zu vermischen. Ein Monument erinnert daran.

Museo Santa Caterina

Untergebracht in einem Klosterkomplex von 1346 beherbergt das Museum eine Sammlung an archäologischen Funden sowie eine Gemäldegalerie. Beeindruckend: der Freskenzyklus von Tommaso da Modena, der 1883 von den Wänden der Chiesa Santa Margherita abgelöst wurde.

A Piazzetta Mario Botter 1
31100 Treviso (TV)
T (+39 0422) 65 89 54
W museicivicitreviso.i

Wochenmarkt

Jeden Dienstag- und Samstagvormittag trubelt ein großer Markt mit Textil- und Haushaltsartikeln sowie Lebensmitteln auf der Piazzale Burchiellati.

Café Camelia Bakery

Entzückendes Bohemien-Café, wo Sie, umgeben von winzigen Sofas, goldenen Spiegeln, verspielten Tassen und Löffelchen, köstliches Tiramisu, aber auch hausgemachte Cupcakes, Torten und Kekse aus der Backstube gegenüber probieren können!

A Via Palestro 30
31100 Treviso (TV)
T (+39 0422) 27 55 02
W cameliabakery.it

INFO

IAT Treviso

A Piazza Borsa 4
31100 Treviso (TV)
T (+39 0422) 595780
W visittreviso.it

Unterwegs auf der *Strada del Prosecco*

Eine halbe Autostunde von der Stadt Treviso entfernt erstrecken sich die berühmtesten Hügel Venetiens. Hier wird nicht nur feinster Prosecco gekeltert, die Region zählt zum UNESCO-Welterbe und ist außerhalb Italiens noch ein echter Geheimtipp.

Zwischen dem Städtchen Conegliano und dem Weindorf Valdobbiadene liegt die echte, ursprüngliche Heimat des Prosecco, ein wundervoller Landstrich, durch den sich die rund 30 Kilometer lange Strada del Prosecco schlängelt. Man könnte Italiens älteste Weinstraße (dazu ernannt wurde sie 1966), die beide Orte verbindet, mit dem Auto leicht in einem halben Tag abfahren. Aber wer will das schon? Zu schön sind die Landschaft – seit 2019 als UNESCO-Weltkulturerbe anerkannt – und die verträumten Dörfer, die am Weg liegen. Jede Kurve offenbart Unerwartetes: Herrschaftliche venezianische Villen, imposante Burgen, Kirchen mit frei stehenden *campanili*, Glockentürmen, die aus dem lichten Grün von Abertausenden Rebzeilen ragen. Steil geneigte Abhänge wechseln sich mit ineinander geschachtelten *vigneti*, Weingärten, und mit sanft geschwungenen *colline*, Hügeln, ab. Eine wunderbare Strecke auch für Radler und Mountain- oder E-Biker. Es bedarf allerdings einer gewissen Kondition, um die teils beträchtlichen Steigungen problemlos zu überwinden.

Starten in Conegliano

Conegliano mit hübscher Altstadt, mittelalterlicher Burg, freskenverzierten Palazzi und schönen Laubengängen ist Sitz der ältesten Weinbaufachschule Italiens (1877) und idealer Ausgangspunkt für eine Tour auf der Strada del Prosecco. Seinen Ruhm verdankt die quirlige Stadt nicht nur der Produktion von erstklassigen Weinen, sondern auch dem Maler Giovanni Battista Cima, kurz Cima da Conegliano, der hier 1457 geboren wurde. Sein wunderschönes Altarbild „Madonna mit Christuskind und Engeln" ist im Inneren des Doms zu bestaunen. Neben zahlreichen kunsthistorischen Schätzen gibt es entlang der Strada del Prosecco lohnenswerte Ausflugsziele zu entdecken: Die winzigen Orte Cison di Valmarino und Follina – die Abtei Abbazia di Follina ist sehenswert –, die beide zu den *borghi più belli d'Italia* (den schönsten Dörfern Italiens, siehe Seite 34) zählen, gehören ebenso dazu wie etwa Vittorio Veneto, auch das kleine Florenz Venetiens genannt, oder il Molinetto della Croda, eine idyllisch an einen Felsen geschmiegte Wassermühle aus dem 17. Jahrhundert.

Die Reben reifen auf schmalen, teils steilen Terrassen.

Von Weingut zu Weingut pendeln

Natürlich schmeckt Prosecco nirgendwo so gut wie hier, und für jeden Weinliebhaber ist es ein besonderes Erlebnis, direkt bei einem der Winzer entlang der Strada del Prosecco Wein zu kaufen. Denn hier können Sie den feinperligen Tropfen verkosten und, wenn es die Zeit erlaubt, auch einen Blick in die *cantina*, den Weinkeller, werfen. Perlwein gibt es in Italien überall, doch nur die Weine der Region Conegliano-Valdobbiadene, die aus der Traubensorte „Glera" stammen, dürfen Prosecco genannt werden. Seit 2009 trägt der Schaumwein das Gütesiegel DOCG (Denominazione di Origine Controllata e Garantita, kontrollierte und garantierte Ursprungsbezeichnung). Eine Rarität ist der Prosecco Superiore di Cartizze, der auf den atemberaubend steilen, sonnenverwöhnten Hängen von San Pietro di Barbozza, Santo

Stefano und Saccol im Gemeindegebiet Valdobbiadene auf 107 Hektar gekeltert wird und seinen besonderen Geschmack dem milden Mikroklima und uralten Böden, bestehend aus Sandstein und Ton, verdankt.

Einfach nur genießen

Nach einigen *bicchierini*, Gläschen, ist eine gute Unterlage gefragt. Bitte bedenken Sie, dass auch in bella Italia die 0,5-Promille-Grenze gilt! In vielen der urigen Lokale tafelt man mitten im Weingarten, auf den Teller kommen vor allem regionale Spezialitäten wie zum Beispiel *bigoli con anatra*, eine venezianische spaghettiähnliche Pastasorte mit Entenragout, sämiges Risotto mit Radicchio di Treviso, *sorpressa*, eine hausgemachte Salami, oder *spiedini*, deftige Spieße, mit Schweine-, Hühner- und Kaninchenfleisch, die mitten im Lokal(!) *alla brace*, auf offenem Feuer, gegrillt werden.

Ankommen in Valdobbiadene

Der verschlafene Ort mit einem Dom, der ohne seine vier gewaltigen Säulen bloß ein Dorfkirchlein wäre, ist Endpunkt der Tour. Von hier starten zahlreiche Wanderwege durch die Weinberge, zum Beispiel hoch nach Santo Stefano, wo man die urige Osteria senza Oste (siehe Bild auf S. 138/139), eine Osteria ohne Wirt erreicht: Ein rustikales Steinhaus, die Türe ist unversperrt, denn der Hausbrauch will es, dass man sich selbst bedient. An gekochten Eiern, eingeschweißter Salami, Speck oder Käse – das Geld hinterlässt man in einer bereitgestellten Kiste. Auf der kleinen Terrasse an einem Glas Prosecco – aus einem Kühlautomaten samt Gläsern zu entnehmen – zu nippen, mit traumhaftem Blick auf die Weinberge, ist berauschend schön!

In vielen Trattorien stehen die Tische mitten in den Weinreben.

Das Örtchen Rolle: Eingebettet in sanft gewellte Reblandschaft

Die Strada del Prosecco abzufahren ist ein beschwingtes Vergnügen.

Zeit für …

… i Sassi di Zoe, die Steine von Zoe

Künstler Zoe (alias Angelo Favero) schafft aus Steinen exzentrische „Putinòt" (Puppen), die über das ganze Gebiet verstreut häufig als Stützen am Ende einer Rebzeile angebracht sind. Zu sehen vor allem in seinem Heimatort San Pietro di Barbozza sowie vor seiner Werkstatt in der Via Cima.

Extravagante Kreaturen: I Sassi di Zoe

… eine Rast auf der Big Bench in Revine Lago

Der amerikanische Designer und Wahlitaliener Chris Bangle hat das „Big Bench Community"-Projekt, das den Tourismus kleinerer Orte fördern soll, gestartet und weltweit über 280 Big Benches aufgestellt. Sie sind nicht nur riesig, sondern auch verschiedenfarbig und werden nur dort in die Landschaft gesetzt, wo man eine schöne Aussicht hat. Von Facebook bis Instagram gibt es Tausende Fotos von Touristen, die darauf sitzen oder sie über eine daran befestigte Leiter erklimmen.

A 31020 Revine Lago: Das Gässchen Vicolo Riva (hinter der Kirche) führt zur knallgelben Big Bench Nummer 181.

… einen Ausflug mit der Vespa

Höchst entspannt die Strada del Prosecco entlangbrausen. Mehr dolce vita geht nicht! Individuelle oder Gruppentouren:

W vesparentdolomiti.it/de

… Weinkellereien

Carpenè Malvolti

Antonio Carpenè gründete 1878 in Conegliano die älteste Weinbauschule Italiens und gilt als Erfinder des Prosecco. In vierter Generation werden hier mehrfach prämierte Weine – aber auch Grappa – produziert.

A Via Antonio Carpenè 1
31015 Conegliano (TV)
T (+39 438) 36 46 11
W carpene-malvolti.com

Pdc Cartizze

Piero de Conti (Pdc) keltert Bioweine ausschließlich mit Trauben aus dem Cardizz-Gebiet. Nur vier Weine von Brut bis Extra Dry, die in tulpenförmigen Betontanks reifen.

A Strada Cartizze 5
31049 Valdobbiadene (TV)
T (+39 347) 83 44 395
W cartizzepdc.com

Conte Collalto

Ein Vorzeigeweingut aus dem 12. Jahrhundert. Angeboten werden Weintouren samt Verkostungen: Gourmet-Touren, Spaziergänge oder Fahrten mit dem Geländewagen in den Weinbergen.

A Via XXIV Maggio 1
31058 Susegana (TV)
T (+39 0438) 43 58 11
W cantine-collalto.it

… meine Lieblingslokale

Drusian

Elegantes Weingut, in dem Francesco Drusian in dritter Generation nachhaltigen Weinbau betreibt. In seinen Weinbergen wachsen über 300 Jahre alte Reben, aus denen er Spumante Valdobbiadene DOCG von Brut bis Extra Dry produziert.

A Via Anche 1
31049 Bigolino di Valdobbiadene (TV)
T (+39 0423) 98 21 51
W drusian.it

Tanorè

Kleines, wunderschönes Weingut am höchsten Punkt des Cartizze-Gebiets. Der Top-Wein ist der Superiore di Cartizze DOCG Dry mit feiner Perlage, weichem Schaum und Noten von Birne, Honig und Salbei.

A Via Mont di Cartizze 3
31049 San Pietro di Barbozza Valdobbiadene (TV)
T (+39 0423) 97 57 70
W tanore.it

Für Weinverkostungen ist (meist) eine Reservierung nötig.

Locanda Sandi

Untergebracht in einer von Wein umrankten Villa inmitten eines Parks. Traumhaft schön: der luftige Wintergarten, eingerichtet mit Holztischen, Kristalllüstern und verspieltem Design. Fleisch brutzelt hier auf offenem Feuer, auf den Tisch kommt raffiniert zubereitete venezianische Küche. In der Bottega del Vino gibt es Wein, regionale Delikatessen oder Naturkosmetik zu kaufen. Zudem werden sechs entzückende Zimmer vermietet.

A Via Tessere 1, Ortsteil Zecchei
31049 Valdobbiadene (TV)
T (+39 0423) 97 62 39
W locandasandi.it

Trattoria alla Cima

Wunderschöne Lage inmitten von Weingärten mit Terrasse unter Schatten spendenden Bäumen. Chef Isidoro Rebuli kredenzt regionale Spezialitäten wie Risotto, Pasta e fagioli (Bohnensuppe mit Pasta) sowie Grillgerichte vom Holzkohlefeuer. Romantisch: Abendessen inmitten von Weinreben.

A Via della Cima 13, 31049 Valdobbiadene (TV)
T (+39 0423) 97 27 11
W trattoriacima.it

INFO

Strada del Prosecco e Vini dei Colli Conegliano e Valdobbiadene
Der 1966 gegründete Teil der Prosecco-Straße verbindet über 33 Kilometer die Orte Conegliano und Valdobbiadene. Heute erstreckt sich die Strada del Prosecco über 15 Gemeinden auf rund 90 Kilometern. Eine Straßenkarte erhalten Sie in Tourismusbüros zum Beispiel bei IAT Conegliano.

A Palazzo Sarcinelli
Via XX Settembre, 132
31015 Conegliano (TV)
T (+39 0438) 21 230
W visitconegliano.it. Weitere Informationen finden Sie auf der gut gemachten Website
W coneglianovaldobbiadene.it (auch auf Deutsch).

Possagno

Zu Hause bei Antonio Canova

Er schuf Marmorbüsten und -statuen von antiken Göttern, Päpsten und Kaisern: Canovas Werke schmücken Museen auf der ganzen Welt. Doch seine blendend weißen Gipsmodelle blieben fast alle in seinem Heimatort: in der Gipsothek in Possagno, einer der größten ihrer Art in Europa.

Im kleinen Ort Possagno strahlt aus einer lieblich sattgrünen Hügellandschaft unübersehbar ein weißer gewaltiger Tempel mit 16 mächtigen Säulen und großer ovaler Kuppel, dem Pantheon in Rom nachempfunden. Entworfen hat die Kirche Antonio Canova, der wohl größte Bildhauer des Klassizismus, der im Jahr 1757 in Possagno geboren wurde und hier nach seinem Tod 1822 begraben sein wollte. Noch heute sind seine Überreste im sogenannten Tempio Canoviano zur Ruhe gebettet, nur sein Herz wird in der Chiesa Santa Maria Gloriosa dei Frari in Venedig verwahrt. Im großen Innenraum der Pfarrkirche ist Canovas größtes Gemälde „La Pala della Deposizione", das der Kreuzabnahme Christi und der Dreifaltigkeit gewidmet ist, über dem Hauptaltar zu bestaunen. Über eine steile Treppe kann man zum Gotteshaus aufsteigen und einen herrlichen Blick über die Landschaft, in der Canova aufgewachsen ist, genießen.

Casa natale di Canova

Vom halbkreisförmigen Vorplatz des Tempio Canoviano führt die Via Stradone del Tempio schnurgerade zur Casa natale di Canova, in der der Meister aufwuchs. Die Casa bildet mit der Gipsothek – untergebracht in einer Basilika – und weiteren Nebengebäuden das sehenswerte Museum Gypsotheca Antonio Canova. Im von außen schlicht wirkenden Geburtshaus kann man auf drei Etagen nachempfinden, wie der Künstler einst gelebt und gearbeitet hat: Zur Schau gestellt sind Werkzeuge, Brillen, Ölgemälde, Schreibtisch, Zeichnungen, kleine Büsten sowie eine umfangreiche Bibliothek. Letztere ist in der *torretta*, einem Turmzimmer, untergebracht, in dem Canova das Gemälde „La Pala della Deposizione di Cristo" malte. Vom Geburtshaus gelangt man durch einen Garten, vorbei an Rosenbeeten, Obstbäumen und einer windzerzausten Pinie, die Antonio Canova 1799 gepflanzt hat, zur Gypsotheca, die im Auftrag von Canovas Halbbruder Giovanni Battista Sartori erbaut und 1957 von Architekt Carlo Scarpa um den Flügel Ala Scarpa erweitert wurde.

Die einzigartige Gypsotheca Antonio Canova muss man einfach gesehen haben!

Die drei Grazien

In von Licht durchfluteten Räumen, über die sich mächtige Rundbögen spannen, sind gleißend weiße (über)lebensgroße Gipsmodelle zu bewundern, nach denen Canova viele berühmte Büsten und Statuen aus Marmor schlug: Hier *le tre grazie*, drei grazile Wesen, die sich aneinanderschmiegen, dort Napoleon als nackter Apoll, ganz hinten küsst Venus zärtlich Adonis und in den *scuderie*, einstigen Pferdeställen, erhebt sich ein riesiges schwarz bemaltes Gipspferd, das Canova in seinen letzten Lebensjahren erschuf. Die anmutigen Schöpfungen Canovas in Gips enthüllen die aufwendige Prozedur von der Idee zu seinen Skulpturen bis hin zu deren künstlerischer Realisierung als Marmorstatuen. Auch in Wien sind Werke Canovas zu sehen: Das Grabmal für Erzherzogin Marie Christine in der Augustinerkirche oder die Marmorgruppe „Theseus im Kampf mit dem Kentauren" im Stiegenhaus des Kunsthistorischen Museums. Im Museo Gypsotheca Antonio Canova in Possagna finden ganzjährig zahlreiche Veranstaltungen statt: von Ausstellungen und Workshops (auch für Kinder) bis zu nächtlichen Führungen bei Kerzenschein oder festlichen Abendessen – umringt von strahlend weißen Engeln, Kardinälen und antiken Göttern.

Anmutig: Die drei Grazien von Canova

MUSEO GYPSOTHECA ANTONIO CANOVIANO

mit schönem Museumsshop:
A Via Canova 74
30154 Possagno (TV)
T (+39 0423) 54 43 23
W museocanova.it

TEMPIO CANOVIANO

A Via Stradone del Tempio
30154 Possagno (TV)
W tempiocanoviano.it (nur auf Italienisch)

Zeit für ...

Einen Besuch wert: Das Museo Gypsotheca Antonio Canova

... noch mehr Canova

Im rund 20 Kilometer weit entfernten Bassano del Grappa (Provinz Vicenza) sind im Museo Civico unter anderem zahlreiche Entwürfe und Skizzen Canovas sowie ein Tonmodell der „Drei Grazien" zu besichtigen. Bei einem Gläschen Grappa in einer der vielen Grapperie des Nachbarstädtchens lässt sich ein Tag auf den Spuren Canovas stimmungsvoll ausklingen (siehe Seite 46).

W museibassano.it

Radicchio Rosso di Treviso

Die Blume des Winters

Der knackigste Radicchio Italiens wächst in der Provinz Treviso und braucht Frost, um zu gedeihen. Die grüne Mutterpflanze wird im Herbst samt Wurzel geerntet. Danach nimmt sie ein zweiwöchiges Wasserbad und treibt neu aus – mit purpurfarbenen Blättern und strahlend weißen Rippen.

Erfrischend bitter und mit der typisch intensiv roten Farbe ist der Radicchio (ausgesprochen: Radikio) ein Star in der Küche Venetiens. Nirgendwo wird jeden Winter um die Pflanze der Gattung Zichorie, zu der alle Radicchio-Sorten gehören, so viel Aufhebens betrieben wie in der Provinz Treviso. Als König der unterschiedlich herben Salatsorten gilt der Radicchio Tardivo di Treviso IGP (Indicazione Geografica Protetta) mit seinen purpurroten Blättern und strahlend weißen Rippen, der keinen festen runden Salatkopf, sondern längliche nach oben hin leicht eingerollte Triebe bildet. Um sich mit dem Gütesiegel „geschützte geografische Angabe" (IGP) schmücken zu dürfen, muss er aus einer von insgesamt 24 Gemeinden in Venetien – aus den Provinzen Venedig, Padua oder Treviso – stammen, von denen sich der Großteil (18) in der Provinz Treviso befinden.

Zartbittere Winterblume

Außerhalb Italiens ist die delikate *fiore d'inverno*, Winterblume, wie Einheimische den sensationell knackigen Radicchio Tardivo nennen, um den sich Spitzenrestaurants reißen, kaum bekannt. Sein Anbau ist ein aufwendiger Prozess: Im Frühling erfolgt die Aussaat, im August die Verpflanzung, im November, nach mindestens zwei Frostnächten – so schreibt es das Konsortium der Radicchio-Produzenten vor –, werden die ausgewachsenen ursprünglich grünen Salathäuptel mitsamt ihrer Wurzel geerntet. Fast die gesamte Ernte erfolgt per Hand, genau wie das Putzen der Wurzeln, das Entfernen der langen welken Blätter und das Setzen ins Wasser. Denn bevor der Radicchio Tardivo in den Handel kommt, müssen seine Wurzeln etwa 15 Tage in Dunkelheit ein Bad in 14 Grad kaltem Wasser, das aus Quellen des Flusses Silo entspringt, nehmen. Dabei entstehen neue, frische Triebe – die tiefroten Blätter mit den weißen Rippen. Nach dem Bleichen, wie dieser Vorgang genannt wird, werden die Pflanzen nochmals gespült und vorsichtig in Kisten geschlichtet. Was später auf dem Teller landet, ist also nicht das, was vom Feld geerntet wurde, sondern Triebe, die zu einem späteren Zeitpunkt gewachsen sind.

Variationen in Purpurrot

In Venetien erfrischt der Radiccio Tardivo di Treviso nicht nur rohe Salate. Er verleiht sämigem Risotto herbe Akzente, schmeckt als Füllung von hausgemachter Pasta und wird auch einfach wie Gemüse zubereitet, etwa gegrillt, kurz in der Pfanne angebraten oder im Ofen überbacken. Alleine mit Meersalz, etwas Pfeffer aus der Mühle und un *filo d'olio*, einem Schuss Olivenöl extravergine, abgeschmeckt, ist die Winterblume eine überraschende Beilage, die hervorragend zu Steak, Fisch oder Meeresfrüchten passt. In ganz Venetien, aber vor allem in den Restaurants in der Provinz Treviso, kann man das schmackhafte Gemüse in allen seinen – auch außergewöhnlichen – Formen probieren oder in herrlichen Feinkostgeschäften bestaunen als: Radicchio-Pasta, Torta al Radicchio, Crema di Radicchio, Radicchio-Marmelade, Radicchio Grappa oder Birra al Radicchio.

oben:
Aufwendige Handarbeit: Das Entfernen der äußeren Blätter

unten:
Erste und zarte – grüne! – Triebe

DIE BESTEN SORTEN AUS DER PROVINZ TREVISO

Radicchio Rosso di Treviso IGP – Tardivo (= der Spätreife)
Lanzenförmig mit regelmäßigen und festen Trieben, die an der Spitze zusammenlaufen. Schmeckt roh, aber auch als Antipasto, Vor- oder Hauptspeise, als Beilage oder karamellisiert als Grundlage von Desserts.

Radicchio Rosso di Treviso IGP – Precoce
Der große längliche Precoce (= der Frühreife) erreicht seine Reife auf freiem Feld, nachdem seine Blätter 15 bis 20 Tage zugebunden werden, damit kein Licht darankommt – ideal für Salate.

Il variegato di Castelfranco IGP
Wegen seiner wunderschönen Form als Rose bezeichnet – mit purpurnen Tupfen auf zartgrünen Blättern –, wird er hauptsächlich für Salate verwendet.

INFO

Consorzio di Tutela del Radicchio Rosso di Treviso IGP e Variegato di Castelfranco IGP

W **radicchioditreviso.it**

Strada del Radicchio Rosso di Treviso e Variegato di Castelfranco (mit Rezepten, geführte Genuss-Touren etc.)

W **stradadelradicchio.it**

Der zartbittere, weinrote Radicchio Rosso di Treviso gilt als König seiner Art und ist außerhalb Italiens kaum zu finden.

Abseits der „Großen"

Zehn besondere Museen

Es müssen nicht immer die bekannten Pinakotheken sein. In Venetien gibt es zahlreiche Museen, die mit spannenden und besonderen Themen locken. Eine kleine Auswahl.

PROVINZ VERONA

Oldtimer bestaunen – Museo Nicolis

Luciano Nicolis, ein Unternehmer aus Verona, begeisterte sich für Fahrzeuge und mechanische Instrumente aller Art. Hunderte chromblitzende Oldtimer, Motorräder und Fahrräder zeigt er in seinem privaten hochmodernen Automobilmuseum Museo Nicolis. Highlights: der knallrote Lancia „Astura Spider" von 1938, ein Bugatti „Tipo 49" sowie mehrere bunt, lackierte Isettas. Aber auch Rennwagen-Lenkräder, Fotoapparate, Schreibmaschinen und Musikinstrumente jeder Epoche sind zu bestaunen. Ein traumhaft schönes Museum, an dem nicht nur Technikbegeisterte ihre Freude haben.

A Via Pustumia
37069 Villafranca di Verona (VR)

T (+ 39 045) 63 03 289

W museonicolis.com

PROVINZ VICENZA

Heiliger Bimbam! – Museo delle Campane

In Montegalda, einem 3.400-Seelen-Örtchen in der Nähe von Vicenza, befindet sich das Glockenmuseum der einstigen Glockengießerei Fonderia Colbachini, untergebracht in der eleganten neoklassischen Villa Fogazzaro-Colbachini. Es ist eines der größten Museen seiner Art Italiens mit mehr als 200 ausgestellten Exponaten: chinesischen Gongs und Glocken, die Kirchen, Tempel oder Paläste nicht nur in Italien, sondern auch in Frankreich, Deutschland, China, Indien, Burma oder Thailand schmückten. Das Museo wurde 2002 anlässlich des 250-jährigen Bestehens der Colbachini-Gießerei, die 1898 den Titel „Päpstliche Glockengießerei" erhielt, gegründet.

Liebevoll gestaltet: Das Museo Storico della Giostra

A Via A. Fogazzaro 3
36047 Montegalda (VI)

T (+39 0444) 73 75 26

W muvec.it

PROVINZ PADUA

Theatermasken – Museo Internazionale della Maschera Sartori

Das einzigartige Maskenmuseum der Villa Savioli in Abano Terme ist für Theaterliebhaber ein Muss: Es zeigt Masken aus der ganzen Welt sowie Werke von Amleto Sartori (1915–1962) und seinem Sohn Donato, beide international bekannte Künstler, die Masken für das Theater in lebenslanger Arbeit hergestellt haben. Außerdem Skulpturen aus Holz, Bronze oder Keramik, historische Kostüme, Masken der Commedia dell'Arte und eine nachgebaute Maskenmacher-Werkstatt.

A Via Savioli 2
35031 Abano Terme (PD)

T (+39 049) 86 01 642

W sartorimaskmuseum.it

PROVINZ ROVIGO

Traumwelt der Jahrmärkte – Museo storico della Giostra

Rund um Bergantino werden seit Jahrhunderten Karusselle und Fahrgeschäfte für Vergnügungsparks gebaut. Das Museo della Giostra entführt Besucher in die Traumwelt des Jahrmarkts und lässt Kindheitserinnerungen an Geisterbahn oder Zuckerwatte lebendig werden. Zu bestaunen sind: Originale Karusselle (siehe Bild auf S. 158) aller Größen, Puppentheater, Riesenräder, Kreisel, Drehorgeln, Schießstände, Handpuppen und Fotografien von Feuerschluckern, Kanonenmenschen oder Fakiren. Ein entzückendes Museum voll mit nostalgischen Kirmesgeschichten.

A Piazza Giacomo Matteotti 85
45032 Bergantino (RO)
T (+39 0425) 80 54 46
W museodellagiostra.it

VENEDIG

Edle Spitzenstickerei – Museo del Merletto

Mit rund 200 kostbaren und feinsten Spitzen aus dem 16. bis 20. Jahrhundert, angefertigt aus Baumwolle, Seide, Gold oder Silber, erinnert das liebevoll eingerichtete Spitzenmuseum im Palazzo del Podestá, dem einstigen Sitz (1871–1970) der Klöppelschule, an die Zeit, als die Spitzenmacherinnen Burano in aller Welt berühmt gemacht haben. Ein Video (mit englischen Untertiteln) führt Besucher in die filigrane Welt der *merletti*, Spitzen, ein. Das Museum befindet sich auf der wunderschönen Insel Burano, berühmt für ihre farbenfrohen Häuser.

A Piazza Galuppi 187
30142 Burano (VE)
T (+39 041) 73 00 34
W museomerletto.visitmuve.it

Exquisite Glaskunst – Museo del Vetro

Schon seit 1861 sind zerbrechliche Schätze aus den Ateliers der berühmten Glasbläser von Murano in den prachtvollen Räumen des Palazzo Giustinian ausgestellt: Rund 4.000 Raritäten von archäologischen Funden aus der Römerzeit über pompöse Lüster, mundgeblasene Vasen, leuchtend schöne Trinkgläser und Hochzeitskelche bis hin zu Kreationen von heute. Anschließend lohnt sich der Besuch einer der vielen Glasmanufakturen auf der Insel, wo man Künstlern bei der Arbeit zusehen und ihre Werke vor Ort kaufen kann.

A Fondamenta Marco Giustinian 8
30141 Venezia (VE)
T (+39 041) 73 95 86
W museovetro.visitmuve.it

Tipp: Glaskathedrale Santa Maria Chiara auf Murano: Die entweihte Kirche ist heute ebenfalls ein spannendes Museum, das die Geschichte des Muranoglases erzählt, santachiaramurano.com.

oben:
Filigrane Spitzen im Museo del Merletto

unten:
Originell: Das Museo delle Campane (siehe S. 159)

Geschichte der Psychiatrie – Museo del Manicomio

In der einstigen Irrenanstalt auf der Insel San Servolo sind neben ergreifenden Schwarz-Weiß-Fotografien ehemaliger Patienten vor und nach der Behandlung Geräte ausgestellt, die Anfang des 18. Jahrhunderts eingesetzt wurden: Fußfesseln, Handschellen, Elektroschockgeräte, Zwangsjacken oder Badewannen für stundenlange Zwangsbäder – „Heilmethoden", die es heutzutage glücklicherweise nicht mehr gibt. Zum Museum gehören außerdem: Eine Kirche, eine Apotheke aus dem 18. Jahrhundert mit schöner Holzvertäfelung, ein Anatomiesaal mit Schädeln und präparierten Gehirnen sowie eine Bibliothek. Das Museo befindet sich auf der Isola di San Servolo.

A Isola di San Servolo
T (+39 041) 86 27 167
W servizimetropolitani.ve.it

PROVINZ VENEDIG

Im Paradies der Stöckelschuhe – Museo Rossimoda della Calzatura

Pumps, Stilettos, handgenähte Pantöffelchen. Solch eine Schuhsammlung – mit rund 1.700 luxuriösen Damenschuhen, die in freskenverzierten Sälen wie märchenhafte Kunstwerke inszeniert sind – bietet kein zweites Museum. Seit 1995 beherbergt die wunderschöne Villa Foscarini aus dem 17. Jahrhundert das Museo della Calzatura des erfolgreichen Schuhfabrikanten Luigino Rossi. Die teils extravagant mit Perlen, Juwelen, Federn oder Spitze verzierten Einzelstücke, um die sich Modedesigner wie Yves Saint Laurent, Fendi, Dior, Calvin Klein oder Kenzo rissen und die kostbare Sammlung venezianischer Schuhe aus dem 18. bis 19. Jahrhundert sind ein Traum für alle, die Schuhe lieben.

A Via Doge Pisani 1 / 2
30039 Stra, Venezia (VE)
T (+39 049) 98 01 091
W museodellacalzatura.it

PROVINZ TREVISO

Zu Hause bei Antonio Canova – Museo Gypsotheca Canova

Wer den Bildhauer Antonio Canova (1757–1822) verstehen will, sollte unbedingt das wunderschöne Museum, das aus dem Geburtshaus des Künstlers und einer Gypsotheca – mit lebensgroßen Gipsmodellen – besteht, besuchen (siehe S. 150).

A Via Canova 74
31054 Possagno (TV)
T (+39 0423) 544 323
W museocanova.it

PROVINZ BELLUNO

Museum in den Wolken – Dolomites

Das Museum Dolomites, auch „Museum der Wolken" genannt, ist ein Projekt von Reinhold Messner und liegt auf 2181 Metern Höhe auf dem Bergplateau des Monte Rite. In einem umgebauten Fort aus dem Ersten Weltkrieg wird die Dolomitengeschichte anschaulich erzählt. Außerdem gibt es Erinnerungsstücke von Erstbesteigungen, Gemälde und andere Kunstgegenstände zu bestaunen. Phänomenal ist alleine schon der 360-Grad-Ausblick auf die einmalig schönen Dolomites, wie die Dolomiten auf Ladinisch heißen.

A Museo Dolomites, c/o Località Monte Rite
32040 Cibiana di Cadore (BL)

T (+39 388) 15 68 007

W messner-mountain-museum.it

Dolomites Museo: Statt Geschütztürmen ragen heute gläserne Hauben aus dem Dach.

Provinz Belluno

Über die nördlichste Provinz Venetiens wachen die majestätischen Belluneser Dolomiten, die zum UNESCO-Weltnaturerbe zählen. Die hübsche Provinzhauptstadt Belluno ist idealer Ausgangspunkt für Wanderungen und Italiens wohl mondänster Wintersportort, Cortina d'Ampezzo, wird 2026 wie bereits 1957 die Olympischen Winterspiele austragen.

Cortina d'Ampezzo, im Hintergrund ragen Tofana di Rozes, Tofana di Mezzo und Tofana di Dentro in den Himmel.

Belluno

Leuchtende Stadt an der Piave

Hübsche Gassen mit Arkaden, noble Palazzi, lauschige Plätze mit Springbrunnen und die lang gestreckte Piazza dei Martiri mit einladenden Cafés prägen das Stadtbild Bellunos – die majestätischen Dolomiten bilden die bestechend schöne Kulisse dazu.

Belluno besitzt den Charme von gestern und strahlt Ruhe aus, selbst im Hochsommer. Alleine die Lage der Altstadt ist bezaubernd: auf einem knapp 400 Meter hohen Hügel thronend, über den Flüssen Piave und Ardo, die hier in einem großen Bogen ineinanderfließen. „Belo-Dunum", leuchtende Stadt, nannten schon die Kelten die Siedlung. Ein Bummel durch die Stadt beginnt mit einem außergewöhnlichen Erlebnis am großen *parcheggio*, Parkplatz, Lambioi: Eine lange, überdachte *scala mobile*, Rolltreppe, bringt Besucher in drei Minuten in das historische Zentrum der höher gelegenen Altstadt. Man steigt direkt auf der großen Piazza del Duomo aus, die von der Basilica Cattedrale di San Martino aus dem 16. Jahrhundert, einem frei stehenden knapp 70 Meter hohen *campanile* mit geschwungenem Zwiebelturm, und einem der vielen Springbrunnen, die die Stadt zieren, beherrscht wird. Markanter Blickfang ist der Palazzo dei Rettori (1409), dessen Fassade mit Loggien im Erdgeschoß, verspielten venezianischen Bogenfenstern und einem hübschen Uhrturm aufgelockert ist. Nicht verpassen sollten Sie den *punto panoramico*, die Aussichtsterrasse, auf der Rückseite des Doms: Hier öffnet sich ein traumhafter Blick auf die Biegung des Flusses Piave.

Piazza dei Martiri

Entspanntes Verweilen an der Piazza dei Martiri

„Serva col capel piova in Campedel", lautet ein altes Sprichwort im lokalen Dialekt: „Wenn der Monte Serva einen Hut aufhat, wird es auf der Piazza Campedel regnen." Campedel nennen die rund 36.000 Bellunesi ihren Hauptplatz, die Piazza dei Martiri, die in diesem Sprichwort stellvertretend für die Stadt Belluno steht. Flaniermeile ist die richtige Bezeichnung für die lang gestreckte Piazza, geschmückt mit einem Springbrunnen, alten Zedern und schmiedeeisernen Laternen. Am Mittelpunkt der Altstadt reihen sich noble Cafés unter langen Laubengängen. Hier sitzt man gemütlich bei einem Glas Wein oder einem Eisbecher, schaut auf die Chiesa San Rocco aus dem 16. Jahrhundert, deren Außenwände unter den Arkaden mit Fresken verziert sind, und beobachtet die Einheimischen, die sich hier an warmen Abenden zum *„far el liston"*, eine typische venezianische Redewendung, die „um den Platz herum flanieren" bedeutet, treffen. Nur wenige Schritte von der Piazza dei Martiri entfernt befindet sich die schmale stimmungsvolle Piazza delle Erbe (auch Piazza del Mercato genannt) mit arkadengeschmückten Renaissancepalästen wie der schmucken Casa Miari aus dem 16. Jahrhundert mit wunderschönem Portikus und einem der ältesten Brunnen der Stadt – der Fontana di San Luciano (1318), wo aus kleinen Drachenköpfen Wasser sprudelt. Auf der Piazza findet täglich (Samstag auch nachmittags) ein bunter Obst- und Gemüsemarkt statt.

Ausgangspunkt für herrliche Wanderungen

Belluno gehört zum Nationalpark Parco Nazionale delle Dolomiti Bellunesi und ist ein idealer Ausgangspunkt für Wanderungen. Im Winter ist das wenige Kilometer weit entfernte Hochplateau Nevigal ein bei Italienern beliebtes Wochenend-Skigebiet mit über 30 Pistenkilometern, Snowpark und Langlaufloipen.

Zeit für …

Bellunos Top 5

Dom von Belluno

Auch Basilica di San Martino genannt (16. Jahrhundert) mit frei stehendem Glockenturm (1747), birgt Werke von Jacopo da Bassano, Palma il Giovane und Cesare Vecellio, dem Cousin von Tiziano Vecellio (siehe Seite 178).

A Piazza Duomo
32100 Belluno (BL)

Chiesa dei Santi Biagio e Stefano

Die gotische Kirsche aus dem 15. Jahrhundert birgt zwei große Engel aus Holz von Andrea Brustolon, Fresken von Jacopo da Montagnana und die von Einheimischen verehrte Marienstatue „Madonna dei sette dolori" (1657).

A Via F. Ostilio 2
32100 Belluno (BL)

Museo Civico

Im freskengeschmückten Palazzo Fulcis. Zur Sammlung gehören Funde aus römischer Zeit sowie wertvolle Gemälde von Tintoretto, Bartolomeo Montagna, Sebastiano Ricci oder Holzskulpturen von Andrea Brustolon.

A Via Roma 28
32100 Belluno (BL)
T (+39 0437) 91 33 23
W mubel.comune.belluno.it

Bellunos Stadttore

Sie riegelten einst die Innenstadt ab und dienten zur Verteidigung: Porta Dojana, Porta Rugo und Porta Dante.

Nationalpark Dolomiti Bellunesi

Das Naturschutzgebiet nördlich von Belluno mit den Belluneser Dolomiten, seit 2009 UNESCO-Weltnaturerbe, ist ein großartiges Wanderterrain und deutlich weniger frequentiert als die Dolomitenregion in Südtirol.

W visitdolomitibellunesi.com

INFO

IAT Ufficio Turistico
A Piazza Duomo 2,
beim Eingang zur Rolltreppe,
32100 Belluno (BL)
T (+39 334) 28 13 222
W belluno-turismo.it

oben:
Blick auf die Stadt Belluno

unten:
Typische Mehlspeisen aus der Region

Cortina d'Ampezzo

Wenn der Jetset Pause macht

Der Austragungsort der Olympischen Winterspiele 1956 und 2026 ist ein weltberühmter Skiort und mondäner Treffpunkt für den internationalen Jetset. Im Frühling weicht Glamour entspanntem Alltag: Dann zieht es Wanderer, Radfahrer und Familien in die Dolomiten.

Wer den noblen Wintersportort Cortina d'Ampezzo besucht, sieht in jeder Himmelsrichtung mächtige Dolomitengipfel – seit 2009 UNESCO-Weltnaturerbe – markant und nah aufragen. Die Olympischen Winterspiele von 1956 haben den gerade einmal 5.600 Einwohner zählenden Ort in aller Welt berühmt gemacht, im Winter tummeln sich hier bis zu 50.000 betuchte Gäste aus aller Herren Länder. 2026 werden es wohl noch mehr, wenn Cortina d'Ampezzo gemeinsam mit Mailand erneut die Olympischen Spiele austragen wird. Im Frühling beginnt die schönste Zeit, um den Dolomitenort, der zahlreichen Action- und Abenteuerfilmen wie „Cliffhanger" mit Sylvester Stallone (1993) oder James Bonds „In tödlicher Mission" mit Roger Moore (1981) als Kulisse diente, zu erkunden. Dann genießen die Ampezzani erste Sonnenstrahlen auf den Terrassen der Straßencafés und ladinisches Sprachgewirr beherrscht den Ort.

Gut 30.000 Ladiner leben in und um Cortina – die meisten in den nur wenige Kilometer weit entfernten Südtiroler Tälern Gröden und Alta Badia. Ihre Sprache, abgeleitet vom Lateinischen und verwandt mit dem Rätoromanischen, klingt selbst für Italiener ziemlich unverständlich: *Begnodüs*, „willkommen", in Cortina d'Ampezzo.

Kleines Zentrum, große Kirche

Der Ortskern Cortinas ist ebenso klein, wie die barocke Pfarrkirche Parrocchia dei Santi Filippo e Giacomo (18. Jahrhundert) groß ist. Ihr Inneres birgt Fresken von Franz Anton Zeiler und dem Ampezzaner Künstler Giuseppe Ghedina sowie wertvolle barocke Altäre. Der frei stehende knapp 70 Meter hohe *campanile* neben dem Gotteshaus mit einer großen vergoldeten Kugel an der Spitze ist das Wahrzeichen Cortinas und vom ganzen Ampezzo-Tal aus zu sehen. Er beherbergt neun Glocken, deren Spiel die Melodie von Londons Big Ben ertönen lässt – inmitten der norditalienischen Bergriesen. Einen Besuch lohnt die nur wenige Schritte entfernte Ciasa (Ladinisch für *casa*, Haus) de ra Regole mit dem Museo d'Arte Moderna Mario Rimoldi, in dem eine umfangreiche Sammlung moderner Kunst zu bewundern ist. Flaniert man in nördlicher Richtung weiter auf der breiten Fußgängerzone Corso Italia, gesäumt von noblen Boutiquen, Juwelieren, Galerien, Antiquitäten- und Feinkostgeschäften, stößt man auf die wunderschöne mit Fresken verzierte Ciasa de i Pupe, auf deren Fassade Antlitze berühmter Persönlichkeiten zu sehen sind: Leonardo da Vinci, Raffael oder Albrecht Dürer.

Auf dem Lagazuoi öffnet sich ein atemraubender Panoramablick.

Cortina d' Ampezzo ist ein idealer Ausgangspunkt für Wanderungen inmitten der imposanten Dolomiten.

Wander- und Radparadies

Zahlreich sind die Möglichkeiten, in nackten Fels zu steigen, zu wandern oder mit dem Mountain- oder E-Bike die Gegend zu erkunden. Wer kein Gipfelstürmer ist, surrt mit modernen Seilbahnen zum Beispiel auf den fast 3.000 Meter hohen Lagazuoi, der es geschichtlich in sich hat: Zahlreiche (renovierte) Stollen, die Soldaten im Ersten Weltkrieg in den Fels getrieben haben, Schießscharten und Fenster für Beobachtungsposten markieren den Berg, als sich hier Österreicher und Italiener gegenüberstanden – viele der Stellungen sind erhalten als Mahnmal gegen Krieg. Auf fast allen Bergstationen kann man in *rifugi*, Berghütten, auf ausladenden Sonnenterrassen regionale Schmankerl wie flaumige Spinatknödel, gebadet in schäumend brauner Butter, *casunziei* (halbmondförmige Ravioli mit Roter-Beete-Füllung), *un tagliere*, eine Art Brettljause mit Speck und Almkäse, oder hausgemachte Süßspeisen wie *fartaia* (frittierte Strauben) oder *Tirteln* (frittierte Teigtaschen, serviert mit Johannisbeermarmelade) genießen – mit spektakulären Aus- und Tiefblicken über die Gipfelwelt. Besonders stimmungsvoll zu Sonnenuntergang, wenn das berühmte Alpenglühen – auf Ladinisch *enrosadira* – die Bergriesen in aller Pracht erstrahlen lässt.

TOURISTINFO

IAT Cortina d'Ampezzo

A Corso Italia 81
32043 Cortina d'Ampezzo (BL)
T (+39 0436) 86 80 86
W dolomiti.org/de/cortina/
(Wander-, Mountainbike-,
Rennrad- und Kletterrouten)

Zeit für ...

... eine Radtour nach Toblach

Der 30 Kilometer lange Radweg Dolomiten führt auf einer stillgelegten Bahntrasse von Cortina d'Ampezzo nach Toblach im Pustertal (Südtirol) – durch Wälder, Schluchten und an kleinen Seen vorbei. Schwierigkeitsgrad: mittel. Rückfahrt per Shuttlebus (Reservierung nötig), Informationen im Tourismusbüro.

... die Große Dolomitenstraße

Die Strada Statale 48 delle Dolomiti führt auf 110 teils sehr kurvigen Kilometern, gesäumt von Schutzhütten, Hotels und Restaurants, über drei Gebirgspässe mit reizvollen Halte- und Aussichtspunkten nach Bozen in Südtirol. Nur für geübte Autofahrer!

W dolomititour.com

Cortina d'Ampezzo: Inmitten des UNESCO-Weltnaturerbes der Dolomiten

Val di Zoldo

Das Tal der Eismacher

Das kleine Val di Zoldo in den Belluneser Dolomiten ist die Heimat berühmter Eismacher: Vor etwa 150 Jahren brachten die Gelatieri des Zoldotals ein Produkt über die Alpen, das das Leben der Menschen für immer versüßen sollte: zart schmelzendes Gelato!

Woher kommt das *gelato*? Aus Italien, wird fast jeder antworten. Doch was nur wenige wissen: Ein Großteil der Eisdielen in Österreich und Deutschland wird von Italienern geführt, von denen die meisten aus einem schmalen Dolomitental in der Provinz Belluno stammen: dem Val di Zoldo, das sich hinter den über 3.000 Meter hohen Felsstöcken des Monte Pelmo und Monte Civetta versteckt. „Wir sind wie die Schwalben", sagen die 3.200 Talbewohner über sich selbst, weil etwa die Hälfte von ihnen dem Rhythmus der Zugvögel folgt: Von März bis Ende September ziehen die *gelatieri*, Eismacher, in die großen Städte Italiens, nach Österreich oder Deutschland und betreiben ihre Eiscafés. Ganze Dörfer sind dann verwaist und die auffallend großen, holzverkleideten Gehöfte – einige aus dem 16. und 17. Jahrhundert –, in denen früher mehrere Familien unter einem Dach lebten, stehen monatelang leer. Ist die Saison vorbei, kehren die meisten Eismacher in ihre Heimatdörfer zurück, um dort zu überwintern. Das geht seit Generationen so. Ganzjährig im Tal bleibt nur, wer Arbeit am Bau, in der Holzwirtschaft oder in der Fabrik von EssilorLuxottica, einem der weltweit größten Hersteller von Brillen und Brillengläsern im nahe gelegenen Agordo, gefunden hat.

Die wandernden Gelatieri

Vom Val di Zoldo hat sich vor gut 150 Jahren das Handwerk der *gelatieri* verbreitet und von dort aus in Europa und in der ganzen Welt. Warum das so ist, weiß niemand ganz genau. Das Val di Zoldo war immer schon eine bitterarme Gegend. Die kargen Äcker warfen zu wenig ab, wer konnte, suchte sein Glück in der Ferne. Im Tal erzählt man sich die Geschichte von einem Einheimischen, der um 1870 bei einem sizilianischen Konditor, der in die Provinz Venedig gezogen war, gelernt haben soll, Sorbet herzustellen. Dann soll er nach Wien gegangen sein, einen simplen Eiswagen durch die Stadt gezogen und am Ende seiner Laufbahn zahlreiche Eisverkäufer aus dem Val di Zoldo beschäftigt haben. Viele kehrten mit ihrem neu erworbenen Wissen nach Hause zurück, die Rezepte verbreiteten sich in den Dörfern und das Zoldotal wurde zum „Tal der Eismacher". Bald machten sich die ersten Zoldaner auf den Weg nach Norden in österreichische oder deutsche Städte – mit im Gepäck: die hohe Kunst des Eismachens. Wer kein Geld für eine Eisdiele hatte, stellte sich mit einem Eiswägelchen auf die Straße. Wie etwa der Holzfäller Arcangelo Molin Pradel: Was im Jahre 1886 auf zwei Rädern begann, ist heute eine Wiener Institution – der Eissalon Molin-Pradel am Schwedenplatz, der mittlerweile in bereits fünfter Generation köstliches *gelato artigianale*, hausgemachtes Eis, herstellt. Aber auch andere Wiener Eisdynastien, wie etwa Zanoni, Bortolotti oder Arnoldo, stammen aus dem Val di Zoldo.

Handgemachte Eisstanitzel – himmlisch!

Obwohl Teil der Dolomiten, gehört das Val di Zoldo nicht zu den stark frequentierten Teilen dieses viel besuchten Gebirges.

Eldorado für Aktivurlauber

Im und um das Zoldotal inmitten der Belluneser Dolomiten gibt es außer einigen kleinen Eiscafés, in denen man das berühmte *gelato artigianale* probieren kann, vieles zu entdecken: Seien es die vielen Gemälde auf den Hausmauern in Cibiana di Cadore, die die Geschichte des Dorfes erzählen, oder das interessante Eisen- und Nagelmuseum in Forno di Zoldo. Sowohl Kletterer als auch Wanderer fühlen sich hier wohl, können sie doch aus einer Fülle von Kletter- und Bergtouren – wie zum Beispiel dem Fernwanderweg Anello-Zoldano, der in sechs Tagesetappen durch die Berge führt – wählen. Und wer lieber im Winter zum Skifahren in das Val di Zoldo reist, findet im Skigebiet Civetta 80 präparierte Pistenkilometer, die zum riesigen Dolomiti-Superski-Karussell mit insgesamt 1.200 Pistenkilometern und 450 Aufstiegshilfen gehören.

Mit kleinen Eiswägelchen fing alles an …

TOURISTINFO

Ufficio turistico in Pecol – Val di Zoldo

A Via Monte Civetta 4b
32012 Val di Zoldo (BL)
T (+39 0437) 78 91 45

Ufficio turistico in Forno di Zoldo – Val di Zoldo

A Via Roma 10
32012 Val di Zoldo (BL)
T (+39 0437) 78 73 49
W Weitere Informationen unter: valdizoldo.net und dolomiti.org

Zeit für …

… un gelato artigianale

In diesen Eisgeschäften im Val di Zoldo können Sie feinstes handgemachtes (artigianale) Eis der berühmten „Gelatieri della Val di Zoldo" probieren:

Bar Gelateria Centrale

A Piazza Apollonio Santin
432012 Forno di Zoldo
Val di Zoldo (BL)

Bar Gelateria Pelmo

A Piazza S. Caterina 1
32012 Dont, Val di Zoldo (BL)

Gelateria al Soler

A Via Pecol 62
32010 Mareson – Pecol
Val di Zoldo (BL)

… das Eisen- und Nagelmuseum

Untergebracht im historischen Palazzo Capitaniato erzählt es von der Nagelproduktion, die über Jahrhunderte für die Region von Bedeutung war.

Museo del Ferro e del Chiodo

A Via San Francesco 15
32012 Forno di Zoldo
Val di Zoldo (BL)
T (+39 0437) 78 78 11

Historischer Eissalon Molin-Pradel am Schwedenplatz in Wien

Pieve di Cadore

Tizians Heimat

Der Renaissancemaler Tizian gilt als bedeutendster Vertreter der venezianischen Malerei des 16. Jahrhunderts. Doch das Talent legte man ihm nicht in Venedig, sondern im Bergstädtchen Pieve di Cadore in die Wiege, in das er Zeit seines Lebens regelmäßig zurückkehrte.

Pieve di Cadore liegt in einer wunderschönen Landschaft in den Dolomiten am Fuße der Gebirgsgruppen Marmarole und des Monte Antelao. Der Ort ist Ausgangspunkt zahlreicher Wanderwege und vor allem bekannt für das Geburtshaus des berühmten Malers Tizian Vecellio (um 1490–1576). Ein Bummel durch das zauberhafte historische Städtchen beginnt am besten auf dem Hauptplatz, der Piazza Tiziano. Auf ihr erhebt sich der imposante Palazzo Magnifica Comunità aus dem 15. Jahrhundert mit zinnengekröntem Turm, der ein interessantes archäologisches Museum mit paläovenetischen, keltischen und römischen Fundstücken der Region beherbergt. Direkt daneben steht die große Chiesa Santa Maria Nascente aus dem 18. bis 19. Jahrhundert, in der das einzige Originalgemälde von Tizian hier in diesem Ort zu bestaunen ist: Das kürzlich restaurierte Altarbild „Madonna mit Kind zwischen den Heiligen Tizian und Andreas“ zeigt übrigens einen langbärtigen Mann mit Hirtenstab am linken Bildrand, dieser soll ein Selbstporträt des Künstlers sein. Blickfang auf der lang gezogenen Piazza ist jedoch die monumentale Bronzestatue Tizians von Antonio Dal Zotto (1880): In der rechten Hand hält die Statue einen Pinsel, in der linken Hand eine Palette – den Blick weit in die Ferne gerichtet. Denn die Natur seiner Heimat, die Berge, Wälder und Gebirgsbäche prägten die Werke Tizians zeitlebens. Auf vielen seiner Gemälden türmte er im Hintergrund schroffe Felsen auf, ließ Bäume in üppigem Grün wuchern und Wolken dramatisch über einen hellblauen Himmel ziehen.

Casa Natale di Tiziano

Das Geburtshaus von Tizian, das im Kern aus dem 15. Jahrhundert stammt, versteckt sich etwas unterhalb der Piazza Tiziano. Man darf das zweistöckige Gebäude aus Stein, mit Schindeldach, hölzerner Außentreppe und blumengeschmücktem Balkon betreten und die kleinen Kammern samt Küche mit großem Kamin (der damals einzigen Wärmequelle im Haus) besichtigen. Es vermittelt einen lebendigen Eindruck, wie die für damalige Verhältnisse wohlhabende Familie Vecellio zu ihrer Zeit gelebt, gearbeitet und gekocht hat. Im Erdgeschoß sind Reproduktionen, Drucke und Stiche berühmter Werke Tizians, die heute in Museen auf der ganzen Welt zu sehen sind, ausgestellt. Tizian verließ zwar Pieve di Cadore im Alter von neun Jahren und ging nach Venedig, doch er kehrte immer wieder in sein Elternhaus zurück. Er starb 1576 in Venedig an der Pest und wurde auf eigenen Wunsch in der Chiesa Santa Maria Gloriosa dei Frari im Sestiere San Polo der Serenissima beigesetzt. Die Backsteinmauern dieser gotischen Kirche aus dem 14. Jahrhundert bergen sein wohl berühmtestes Werk „Mariä Himmelfahrt", auch als „Assunta" bekannt. Bis heute zieht das größte Altarbild Venedigs (6,9 mal 3,6 Meter) die Kirchenbesucher mit der leuchtend rot gekleideten, auf einer von Engeln getragenen Wolke schwebenden Maria in seinen Bann. Im linken Seitenschiff befindet sich Tizians Gemälde „Madonna di Ca' Pesaro" und im rechten Seitenschiff liegt er selbst begraben.

Casa di natale des berühmten Malers Tiziano

TOURISTINFO PROLOCO

A Piazza Municipio 13
32044 Pieve di Cadore (BL)
T (+39 349) 254 99 56
W visitdolomitibellunesi.com/de und magnificacomunitadicadore.it (nur auf Italienisch)

CASA DI TIZIANO VECELLIO

A Via Arsenale 4
32044 Pieve di Cadore
Belluno (BL)
T (+39 0435) 32 262

Zeit für …

… das Museo dell'Occhiale

Originelles Brillenmuseum mit einer Sammlung von über 4.000 Exponaten, die von der Tradition der Brillenherstellung Ende des 19. Jahrhunderts im Cadore-Tal erzählt. Zu bestaunen: Exemplare ohne Bügel bis hin zu durch Filmschauspieler berühmt gewordenen Modellen, edelsteinbesetzte Theaterbinokel ebenso wie Fächer oder Spazierstöcke, in deren Innerem eine Brille versteckt ist. Das Museum befindet sich im modernen COS.MO-Komplex.

A Via Arsenale 15
32044 Pieve di Cadore (BL)
T (+39 0435) 50 02 13
W museodellocchiale.it

… das Museo Archeologico MARC

Ein ansprechend gestaltetes Museum mit archäologischen und paläontologischen Funden aus der Umgebung im zweiten Stock des Palazzo Magnifica Communità di Cadore.

A Piazza Tiziano 2
32044 Pieve di Cadore (BL)
T (+39 0435) 32 262

… einen herrlichen Seeblick

Von der Piazza Tiziano führt ein etwa zehnminütiger Spaziergang durch einen Tannen- und Lärchenwald zur *terrazza panoramica*, einer Aussichtsterrasse im Parco del Roccolo mit herrlichem Blick auf den zehn Kilometer langen Lago di Cadore mit seiner mächtigen Staumauer am Südende des Sees. Von den Ufern des Sees starten einfache bis mittelschwere Wanderwege zu den Schutzhütten der Umgebung.

Eine Bronzestatue des Künstlers wacht über die Piazza Tiziano.

Venetien *für zu Hause*

Jeder Urlaub geht einmal zu Ende – was bleibt, sind Mitbringsel und Souvenirs zur Erinnerung an die schönste Zeit des Jahres. Kunsthandwerk, kulinarische Spezialitäten oder Mode: Bestimmtes muss einfach mit ins Gepäck, um den Lieben daheim oder sich selbst eine Freude zu machen.

Glasbläserkunst aus Murano

Wer nach Muranoglas sucht, hat in Venedig die Qual der Wahl. Zahlreiche Geschäfte bieten farbenprächtige Weinkelche, Schüsseln, Schmuck, opulente Kronleuchter, Vasen oder exklusive Haushaltswaren aus emailliertem, verziertem, bemaltem oder graviertem Glas an. Achten Sie auf die von der Region Venetien verliehene Plakette mit der Aufschrift „Vetro Artistico® Murano", sie garantiert, dass Sie authentisches, mundgeblasenes Muranoglas (statt Billigwaren aus Fernost) kaufen. Das Zeichen zeigt eine rote oder blaue *borsella*, ein typisches Arbeitswerkszeug der Glasbläser.

Designerschuhe „Made in Italy"

Die luxuriösesten und spektakulärsten Schuhe, die die Laufstege der ganzen Welt erobert haben und in Schaufenstern von Designern wie Fendi, Yves Saint Laurent, Givenchy oder Christian Dior wie Kunstwerke ausgestellt sind, kommen von der Riviera del Brenta zwischen Padua und Venedig. Zu verdanken ist dies gut betuchtem Adel, der sich im 13. Jahrhundert am Fluss Brenta ansiedelte, begleitet von seinen *calegheri*, Schuhmachern. Bis heute produzieren hier Hunderte Betriebe Schuhe: Von glamourösen Stilettos, hochhackigen Pumps bis hin zu Pantöffelchen oder handgenähten Sneakers aus Leder.

Mit zitronengelber Keramik nimmt man einen Hauch Italien mit nach Hause.

Allerlei Kunsthandwerk

Wer Keramik liebt, sollte sich in Bassano del Grappa umsehen, während für Freunde von filigraner Spitze die Insel Burano in der Lagune von Venedig ein Muss ist. In Vicenza sind die berühmten Goldschmiede zu Hause, während sich in der Serenissima ein Blick in die Geschäfte mit den fantasievollen Karnevalsmasken lohnt. In den Dolomiten findet man viele Kunstschmieden, während Cortina d'Ampezzo für Holzschnitzereien bekannt ist. Liebhaber von Antiquitäten können auf den Mercati dell'antiquariato, die in größeren Orten einmal im Monat (meist sonntags) stattfinden, originelle Einzelstücke erstehen.

Olivenöl vom Gardasee

Olivenöl von der Riviera degli Olivi, der in Venetien gelegenen Ostküste des Gardasees, ist ein hochwertiges Elixier mit fruchtig-mildem Geschmack. *Un filo d'olio*, ein Schuss Olivenöl, gibt frischem Fisch, gegartem Gemüse, Salat oder Bruschetta – krossem Weißbrot belegt mit sonnengereiften Tomaten – den letzten Schliff. In vielen Ölmühlen kann man Olivenöl verkosten und ab Hof kaufen. Achten Sie auf das Gütesiegel „Garda DOP" (Denominazione d'Origine Protetta, geschützte Ursprungsbezeichnung), nur dann ist garantiert, dass das Olivenöl tatsächlich aus dieser Region stammt.

Weine aus Venetien

Die Weine aus dem Veneto zählen zu den bekanntesten Weinen Italiens: Prickelnder Prosecco aus dem Weinanbaugebiet in Treviso, das zum UNESCO-Welterbe zählt. Schwerer, rubinroter Amarone und leichter Valpolicella aus der gleichnamigen Region. Weißer Soave gekeltert im sanften Hügelland zwischen Verona und Vicenza. Vom Ostufer des Gardasees kommen süffiger Bardolino und der Roséwein Chiaretto. Achten Sie beim Weinkauf auf das DOC- bzw. DOCG-Siegel („kontrollierte" bzw. „kontrollierte und garantierte" Ursprungsbezeichnung am Etikett).

Souvenirs für Gourmets

Eine typisch italienische *gastronomia* (Feinkostgeschäft) präsentiert sich prall und gefüllt: Mit ganzen Prosciutto-Keulen, regionalen Wurst- und Salami-Spezialitäten, Käselaiben verschiedenster Reifegrade – machen Sie es den Italienern gleich und fragen Sie nach einer Kostprobe! Hier kann man sich mit Grappa aus Bassano, Risottoreis Vialone Nano aus der Provinz Verona, *Bigoli* (spaghettiähnliche Nudeln), einem Gläschen *Ragù d'Anatra* (Entenragout), *Baccalà mantecato* aus Vicenza (Stockfrischcreme, die man auf eine Scheibe Brot oder Polenta streicht), *Sarde in Saor* (in Zwiebel eingelegte Sardinen) und manchem mehr für zu Hause eindecken.

Andenken in letzter Minute

Unentschlossene finden auf dem *mercato*, Wochenmarkt, der in allen größeren Orten abgehalten wird, neben Obst, Gemüse und regionalen Spezialitäten einfach alles: Schuhe, Pyjamas, Gürtel, Taschen, Mäntel, Blusen, Hosen, Schönes aus Olivenholz, originell bedruckte Tischtücher und Vorhänge, Espressokännchen in allen Größen samt Ersatzteilen (Filter, Dichtung, Griffe), Unterwäsche, Modeschmuck, Keramik, Kochtöpfe, Socken oder Strumpfhosen.

Stets sonnige Aussichten – wie etwa hier in Vicenza (siehe S. 42)

Etwas Italienisch

Konversation

Minimal-Wortschatz

si
ja

no
nein

grazie
danke

per favore
bitte (bei einer Frage)

prego
bitte (gern geschehen)

Scusa/Scusi
entschuldige/
entschuldigen Sie

buon giorno
guten Tag

buona sera
guten Abend (ab nachmittags)

buona notte
gute Nacht

arrivederci
auf Wiedersehen

ciao
hallo/tschüss

Quando?
Wann?

Quanto costa ...?
Wie viel kostet ...?

i soldi
Geld

con/senza ...
mit/ohne ...

aperto/chiuso
offen/geschlossen

Come si dice?
Wie heißt das?

Perché?
Warum?

Dov'è il bagno?
Wo ist die Toilette?

l'ufficio turistico
Touristeninformation

Wochentage

lunedì
Montag

martedì
Dienstag

mercoledì
Mittwoch

giovedì
Donnerstag

venerdì
Freitag

sabato
Samstag

domenica
Sonntag

fine settimana
(auch: weekend)
Wochenende

Smalltalk/Orientierung

Mi chiamo ...
Ich heiße ...

Come ti chiami?
Wie heißt du?

Sono di Vienna
Ich bin aus Wien

Di dove sei?
Woher kommst du?

Non capisco
Ich verstehe nicht

Non parlo italiano
Ich spreche kein Italienisch

Parla tedesco/inglese?
Sprechen Sie Deutsch/Englisch?

Che ore sono?
Wie spät ist es?

Sono le tre/
sono le tre e mezza
Es ist drei Uhr/
Es ist halb vier

a destra
rechts

a sinistra
links

dritto
geradeaus

indietro
zurück

mappa della città
Stadtplan

Einkaufen

Ha ...?
Haben Sie ...?

Quanto costa ...?
Wie viel kostet ...?

mi piace/non mi piace
Gefällt mir/gefällt mir nicht

è troppo costoso/costosa
Das ist zu teuer

lo prendo
Ich nehme es

il negozio
Geschäft

il mercato
Markt

il supermercato
Supermarkt

la farmacia
Apotheke

il panificio
Bäckerei

la pasticceria
Konditorei

ta taglia
Konfektionsgröße

numero di scarpa
Schuhgröße

Bus/Zug/Auto

sciopero
Streik

il biglietto
Fahrkarte

la metro/il pullman/il tram
U-Bahn/Bus/Straßenbahn

il treno
Zug

andata e ritorno
hin und zurück

un biglietto da A a B
Ein Ticket von A nach B

binario
Gleis

partenza
Abfahrt

arrivo
Ankunft

ritardo
Verspätung

entrata
Eingang

uscita
Ausgang

Dove/dov'è?
Wo/wo ist ...?

... la stazione
... der Bahnhof

... la fermata del taxi
... der Taxistand

Vorrei noleggiare una macchina
Ich möchte ein Auto mieten

il distributore
Tankstelle

Bank/Post/Telefon

Dov'è una banca?
Wo ist eine Bank?

la carta di credito
Kreditkarte

il bancomat
Bancomat

ufficio postale
Postamt

la lettera
Brief

la cartolina
Postkarte

il francobollo
Briefmarke

la cassetta postale
Briefkasten

Im Hotel

cerco un albergo
Ich suche ein Hotel

Avete una camera singola/doppia?
Haben Sie ein Einzel-/Doppelzimmer?

una camera tranquilla
Ein ruhiges Zimmer

Potrebbe mostrarmi una stanza?
Könnten Sie mir ein Zimmer zeigen?

abbiamo prenotato
Wir haben reserviert

una camera per ...
Ein Zimmer für ...

... una notte
... eine Nacht

... due giorni
... zwei Tage

... una settimana
... eine Woche

La prendo/la prendiamo
Ich nehme es/wir nehmen es

non funziona
Funktioniert nicht

il bagaglio
Gepäck

la chiave
Schlüssel

la colazione
Frühstück

mezza pensione
Halbpension

pensione completa
Vollpension

Posso pagare con la carta di credito?
Kann ich mit Kreditkarte bezahlen?

Kleines Speiselexikon

Im Restaurant

C'è un tavolo per x persone?
Haben Sie einen Tisch für x Personen?

Vorrei prenotare per le 8.00 la sera un tavolo per x persone
Ich möchte für 20.00 Uhr einen Tisch für x Personen reservieren

cameriere/-a
Kellner/in

il menu
Speisekarte

vorrei ...
Ich hätte gerne ...

Sono vegetariano/a bzw. vegano/a
Ich bin Vegetarier/Veganer

senza glutine
glutenfrei

buon appetito
guten Appetit

cucchiaio/forchetta/coltello
Löffel/Gabel/Messer

antipasto
Vorspeise

il pranzo
Mittagessen

il primo piatto
erster Gang

il secondo piatto
zweiter Gang

il contorno
Beilage

il dolce
Dessert

il formaggio
Käse

la cena
Abendessen

Vorrei una ricevuta per favore
Eine Quittung bitte

Era buonissimo
Das war sehr gut

la mancia
Trinkgeld

il coperto
Aufschlag für Service und Brot

stuzzichini
Knabberei (zum Aperitif)

cin-cin
zum Wohl/Prost

Il conto per favore!
Die Rechnung bitte!

Getränke (bevande)

acqua naturale
Stilles Wasser

acqua frizzante
Mineralwasser mit Kohlensäure

vino
Wein

biancho
weiß

rosato
rosè

rosso
rot

spumante
Sekt

birra piccola
kleines Bier

birra media
großes Bier

succo di ... (z. B. limone)
Saft

latte
Milch

freddo
kalt

caldo
warm

bollente
heiß

un caffè (bedeutet immer Espresso)
Kaffee

aranciata
Orangenlimonade

spremuta
frisch gepresster Saft

spremuta d'arancia
frisch gepresster Orangensaft

un tè oder una tisana
Tee

un bicchiere
Glas

una bottiglia
Flasche

un quarto di litro
¼ Liter

un mezzo litro
½ Liter

Zubereitung (preparazione)

affumicato
geräuchert

con panna
mit Sahne

crudo
roh

al forno
im Ofen überbacken

allo spiedo
am Spieß

al pomodoro
mit Tomatensauce

arrosto
gebraten

bollito (auch: cotto)
gekocht

farcito
gefüllt

fatto in casa
hausgemacht

fresco
frisch

fritto
frittiert

grigliato (auch ai ferri)
gegrillt

in umido
im Saft geschmort

piccante
scharf

Beilagen (contorni)

asparago
Spargel

barbabietola
Rote Beete

carciofo
Artischocke

carote
Karotten

cavolfiore
Karfiol

cavolo
Kohl

cetriolo
Gurke

cipolla
Zwiebel

fagioli
weiße Bohnen

fagiolini
grüne Bohnen

finocchio
Fenchel

funghi
Pilze

insalata
Salat

legumi
Hülsenfrüchte

lenticchie
Linsen

melanzane
Auberginen

patate
Kartoffeln

peperoncino
kleine Pfefferschote

peperone
Paprika

piselli
Erbsen

polenta
Maisbrei

porcini
Steinpilze

radicchio
Radicciosalat

spinaci
Spinat

verze
Wirsing

zucca
Kürbis

zucchine
Zucchini

Nudeln (pasta)

cannelloni
gefüllte Teigrollen

farfalle
Nudeln in Schmetterlingsform

fettuccine
relativ schmale Bandnudeln

fussili
Spiralnudeln

paccheri
Pasta in der Form einer sehr großen Röhre

pappardelle
extra breite Bandnudeln

penne
Röhrennudeln

tagliatelle
Bandnudeln

tortellini
gefüllte Teigtaschen

tortelloni
große Tortellini

Fisch & Meeresfrüchte (pesce e frutti di mare)

anguilla
Aal

acciughe
Sardellen

aragosta
Languste

baccalà
Stockfisch

calamari
Tintenfische

cozze
Miesmuscheln

gamberi
Garnelen

merluzzo
Kabeljau

nasello
Seehecht

orata
Goldbrasse

pesce spada
Schwertfisch

polpo
Oktopus

rombo
Steinbutt

salmone
Lachs

spigola
Seebarsch

sgombro
Makrele

sogliola
Seezunge

tonno
Thunfisch

trota
Forelle

vongole
Muscheln

Fleisch (carne)

agnello
Lamm

anatra
Ente

bistecca
Beefsteak

bresaola
luftgetrockneter Rinderschinken

capretto
Zicklein

cervo
Hirsch

cinghiale
Wildschwein

coniglio
Kaninchen

fegato
Leber

filetto
Filet

involtini
Fleischrouladen

lepre
Hase

lingua
Zunge

maiale
Schwein

manzo
Rind

pancetta
durchwachse-
ner Bauchspeck

pollo
Huhn

polpette
Fleischklößchen

prosciutto
Schinken

- crudo
- roher Schinken

- cotto
- gekochter Schinken

salame
Salami

salsiccia
Wurst

tacchino
Truthahn

trippa
Kutteln

vitello
Kalb

zampone
Schweinshaxe

Verschiedenes

aceto
Essig

aglio
Knoblauch

brodo
Brühe

bruschetta
geröstetes Brot mit Öl, Knoblauch, Tomaten

burro
Butter

capperi
Kapern

formaggio
Käse

ghiaccio
Eiswürfel

lumache
Schnecken

minestra/zuppa
Suppe

olio
Öl

pane
Brot

panino
Brötchen

pepe
Pfeffer

sale
Salz

salvia
Salbei

tartufo
Trüffel

l'uovo/le uova
Ei/Eier

zucchero
Zucker

coperto
Aufschlag für Brot und Gedeck

Obst (frutta)

albicocca
Aprikose

ananas
Ananas

anguria
Wassermelone

arancia
Orange

banana
Banane

ciliegia
Kirsche

fichi
Feigen

fragole
Erdbeeren

frutti di bosco
Waldfrüchte

lamponi
Himbeeren

limone
Zitrone

macedonia
frischer Obstsalat

mela
Apfel

melone
Honigmelone

mirtilli
Heidelbeeren

pera
Birne

pesca
Pfirsich

uva
Weintrauben

Bildnachweis

© **Umschlag**: U1/Cover: Riccardo Gasperoni. Buchrücken/Gläser: iStock/Getty Images/yrabota. U4: iStock/Getty Images/luana rigolli. Klappe innen vorne: Ferron Gabriele e Maurizio Srl. Klappe innen hinten: Getty Images/SOPA Images/Kontributor. Autorin: privat.

© **Kern:** S. 2/3, 62/63 Getty Images/Frank Bienewald/Kontributor. S. 5 Giardino Monumentale di Valsanzibio. S. 6 Isola di Albarella. S. 10 Veneto Edifici Monumentali srl. S. 14/15 Ivo Marchesini. S. 17 Ripresa drone Piazza Bra e Arena – F. Modica – Archivio Comune di Verona. S. 19 o. F. Modica Archivio Comune di Verona. S. 19 u. F. Modica – Archivio Comune di Verona. S. 23 Archivio Strada del Prosecco. S. 24, 27 u., 29 Speri Viticoltori. S. 26 Consorzio Tutela Vini Valpolicella. S. 27 o. Cantina Valpolicella Negrar. S. 30, 33 Ferron Gabriele e Maurizio Srl. S. 34 Giulia De Leoni. S. 37 o. Archivio Fotografico Comune di Asolo. S. 37 u. Michele Grassilli e Guido Zamai. S. 38 Follina. S. 39 Archivio Fotografico Comune di Asolo. S. 42, 44 (beide) Archivio Consorzio Vicenzaè. S. 52, 54, 55 (beide) Associazione Pro Marostica. S. 56 iStock/Getty Images/pikat09. S. 59 o. Villa Emo Fanzolo di Vedelago. S. 59 u. Marton e A+U Architecture and Urbanism Magazines. S. 61 Villa di Maser_Foto Christopher Comploj. S. 64, 66 Padova Convention & Visitors Bureau @ Gabrio Tomelleri. S. 68, 71 Archivio Terme Colli Marketing. S. 72, 74, 75 Padova Convention & Visitors Bureau @ Stefano Aiti. S. 76, 78, 79 Ufficio Turistico IAT Cittadella. S. 82 Giardino Monumentale di Valsanzibio. S. 85 Parco Giardino Sigurtà. S. 86, 87 Matteo_DeFina_Courtesy of Fondazione Cini. S. 88/89, 90 Archivio fotografico Aqua | Natura e Cultura. S. 92 Archivio fotografico Aqua | Natura e Cultura Rotonda. S. 94 IAT Rovigo. S. 97 Adria, Museo archeologico Nazionale, Direzione Regionale Musei Veneto, "su concessione del Ministero della Cultura". S. 98, 100, 101 Isola di Albarella. S. 102 iStock/Getty Images Plus/FotoGablitz. S. 104 iStock/Getty Images/Maurizio Bonora. S. 106 Getty Images/DEA/S. FEDRIZZI/Kontributor. S. 110/111, 113, 115 (beide), 117 Vela Spa. S. 118 Osteria Antico Dolo. S. 120 Getty Images/REDA&CO/Kontributor. S. 121 Getty Images/MediaNews Group/Boston Herald via Getty Images/Kontributor. S. 122 Comune di Chioggia. S. 124 iStock/Getty Images/SOPA Images/Kontributor. S. 125 Comune di Chioggia_Paolo Fidelfatti. S. 126, 127 DMO CAORLE. S. 129 Archivio fotografico Consorzio di Imprese Turistiche JesoloVenice. S. 130/131 Comune di Jesolo. S. 132 Liz Bernatzek. S. 135 o. La Volpi Società Agricola s.r.l. S. 135 u. Tenuta Ca'Zen. S. 136 La Vigna di Sarah. S. 137 Stefano Scatà. S. 140, 142 Archivio Comune di Treviso. S. 146 Francisco Marques_Archivio Strada del Prosecco. S. 150, 152, 153 Museo Gypsotheca Antonio Canova, Possagno (TV), Italy. Ph Lino Zanesco. S. 154, 156 (beide) Consorzio Radicchio di Treviso. S. 158 Giuliano Plorutti_Museo Storico della Giostra di Bergantino (RO). S. 161 o. Fondazione Musei Civici. S.161 u. Manuel Brun_Per gentile concessione della famiglia Aldinio – Colbachini. S. 163 wisthaler.com. S. 164/165 www.digitalaida.com. S. 166, 169 (beide) Archivio Comune di Belluno. S. 171 Ute Dandrea. S. 173 PaolaDandrea. S. 174 Consorzio Val di Zoldo Turismo. S. 176 Uniteis e.V. S. 177 Eissalon Molin Pradel Schwedenplatz, Wien. S. 179, 181 DMO Dolomiti Bellunesi. S. 185 Archivio Consorzio Vicenzaè.

© **alle übrigen Fotos:** Beate Giacovelli.

Dank

Mein spezieller Dank geht an meinen Mann und Sohn, die mir halfen, Zeit für dieses enorme Projekt freizuschaufeln. Weiters an all meine (Lauf)Freunde, die mir wie immer verzeihen, wenn ich mich monatelang einschließe und schreibe. Danke an meinen Lauftrainer Claudio Boschini für aufmerksames Zuhören und mentale Unterstützung, an meinen Lauffreund und Sommelier Luca Cornici, der mich in Sachen Prosecco beraten hat, sowie an Alessio Berna und Isidoro Rebuli, die mich einen Tag lang auf der Strada del Prosecco begleitet haben, sowie grazie an alle Museen, Villen, Städte und Gemeinden, die mir Fotos zur Verfügung gestellt haben. Und ein großes Dankeschön an Inge Fasan, Elisabeth Fantner-Blasch und Philipp Rissel für ihren Glauben an mich, aufmunternde Worte und das Lektorat. Grazie!

STYRIA
BUCHVERLAGE

ISBN 978-3-222-13723-5

Bücher aus der Verlagsgruppe Styria gibt es
in jeder Buchhandlung und im Online-Shop
www.styriabooks.at

Lektorat: Philipp Rissel
Korrektorat: Dorrit Korger
Buch- und Covergestaltung: Isabella Schweizer, Stefanie Muther/extraplan.at
Projektleitung: Inge Fasan, Elisabeth Fantner-Blasch
Herstellung: Franz Schaffer

Hinweis: Die Kontaktdaten bei den Tipps entsprechen dem aktuellen Stand
bei Redaktionsschluss (Dezember 2023).

Druck und Bindung: Graspo CZ, a.s.
7 6 5 4 3 2 1
Printed in the EU